文學叢刊

陳有方著

憶往五集

文史哲出版社印行

國家圖書館出版品預行編目資料

憶往五集 / 陳有方著. -- 初版. -- 臺北市：文史哲, 民 102.04
面；公分（文學叢刊；290）
ISBN 978-986-314-106-8（平裝）

848.6　　　　102006737

文學叢刊　290

憶往五集

著者：陳有方
出版者：文史哲出版社
http://www.lapen.com.tw
e-mail:lapen@ms74.hinet.net
登記證字號：行政院新聞局版臺業字五三三七號
發行人：彭正雄
發行所：文史哲出版社
印刷者：文史哲出版社
臺北市羅斯福路一段七十二巷四號
郵政劃撥帳號：一六一八〇一七五
電話886-2-23511028・傳真886-2-23965656

定價新臺幣三〇〇元

中華民國一〇二年（2013）四月初版

ISBN 978-986-314-106-8　　08290

憶往五集

目次

雜感

新詩

自序

我在「憶往四集」出版以後，就想封筆，但因心中仍有若干往事，時時湧上腦中，祇好仍然提筆速記，以免稍蹤即逝，不復再能記憶。過去就有很多感受，常因未能立刻寫出，以後便無法描述下來，成為憾事。又因好強心驅使，不甘服老，深恐一但輟寫，不啻示人我已絲盡繭成，生命即將結束。因此，仍續握筆，隨時再將拙稿投寄報刊登出。

本集收入之文稿不多，主因年歲日增，記憶力日差，經常在寫作時，只能寫下一段，不克一氣呵成，只好留待以後續完。有時雖然一時興起，提筆疾書，但常寫錯字，別字，引文亦顛倒錯置，或字句不全，文理不順，用字欠妥，故常將已寫好之文稿，立即撕掉，以免出醜。

本集內容之劃分，仍與過去數集之分類相似。全書共分四章：一、聞名遐邇的博物館。二、旅遊。三、雜感。四、新詩。

每次參觀某大博物館後，都深感它們收藏豐富，保護細緻，令人敬佩，惜我之拙筆，未能寫出其精華於萬一，至感慚愧。

旅遊文章較少，一因獨自一人旅遊，殊感寂寞，再因股骨開刀換接後，雖有出遊之意，無奈行走不便，只好作罷。

寫雜感，雖然海闊天空，隨手可得。但若無靈感，寫出之後，枯燥無味，不能感人，故不敢多所涉獵。

新詩中所寫之各篇，仍在繼續「憶往四集」之初衷，接手亡妻復華之遺志，繼續為她寫詩。她為人豪邁，詩作富有感情，充滿活力。我雖努力模仿，終覺不及，希望她在西天之靈，勿多譏嘲已足。

以上所收各稿，旨在存念，倘仍有錯誤與不妥之處，尚祈海內外諸君子賢達，不吝指正，以匡不逮。

9 照　片

作者在民俗中國館

作者（右）與世界詩人大會主席楊允達合影

作者（左）與堂弟在博物館前

作者（左）與堂弟

作者（右二）與沙城養生會友人們

作者（右三）與沙城養生會會員們合影

聞名遐邇的博物館

羅浮宮巡禮

有人說，如果到巴黎去遊覽，而不參觀羅浮宮，等於入了寶山，空手而回。因此，我也附庸風雅，去了一趟羅浮宮。

談起羅浮宮的歷史，它經過無數次的建築與毀壞，擴充和修建。從中古時代的城堡變成皇宮。最後於十八世紀改建為中央藝術博物館。它收藏了三五〇〇〇件藝術品，代表著地球上每一個文明。它有六四五〇〇〇平方呎的展覽場地。如果你想一次參觀就能看見了全部展品，那是根本不可能的。不過有三種最著名的藝術傑作：蒙娜麗莎，維納斯和勝利女神，人們都視為「必定要看」的珍品。此外，就看每人的興趣，集中精神去尋找你所喜歡的展品。

進入羅浮宮，立即見到一個由美籍華裔建築師貝聿銘設計的一個龐大的玻璃金字塔。它是一個透明也很奇異的建築，可讓陽光照到地下接待遊客廣場內商店和飯館。很多遊客都在它的前面拍取照片，以作紀念。

羅浮宮共有三個展覽廳：瑞奇連（Richelien），蘇里（Sully），笛藍音（Denon Wing）。

到了瑞奇聯展覽廳後，即見原放在玻璃櫃裡由科塞勿斯所製的兩匹飛馬和其侄子另做的兩匹飛馬一起移置到該廳的進口處，迎接遊客。

不久，又見到拿破崙第三所用的十幾間客廳。每間客廳裡都懸掛著水晶的吊燈，裝設精緻的鏡子，和很多有皇家氣派的用品。其中有一件用堅強的水晶製成作為裝飾的桌子，使人見識到第二帝國的奢侈。

在蘇里展覽廳裏，有一個舉世聞名的無手臂維納斯（Venus of Milo）雕像。它係於十九世紀在希臘的米羅島發現的。它被德國作家亨利・埃納稱為「最漂亮的女人」。既性感又含蓄。這個半裸女神雕像是羅浮宮最珍貴的希臘藝術品。

另外，還有一件有名的展品，是土耳其沐浴室。作此畫者為安格爾（Jean-

August Dominique Ingres）。他畫完此畫已經八十二歲了，這是他最後的一幅浴畫。原先是方形畫，一八五九年被拿破崙王子購到，次年安格爾將它改變成現在的圖形。一九〇五年在安格爾遺作展中，觀眾才第一次有幸目睹這一夢幻般的奇景。土耳其宮女淫蕩的肉體彷彿散發著醉人的馨香。

繼續轉進第三個展覽廳（笛藍音 Denon Wing）後，一眼就看到一幅巨大的油畫。畫中的人物名為蒙娜麗莎（Mona Lisa）。她是意大利一個百萬富翁弗郎側索之妻，她的微笑是有名的，最為人們所欣賞。畫家達芬奇用了四年的時間還沒畫完這幅畫，便把它帶到了法國。一五一九年他在法國去世了。此畫確立了後來長期影響意大利繪畫界的理想女性形象。

另一幅名畫為拿破崙加冕。加冕儀式於一八六四年十二月二日在巴黎聖母院舉行。畫家大衛沒有在畫上表現皇帝拿破崙被加冕的場面，而記錄了拿破崙為皇后約瑟加冕的情景。教皇琵爾七世正在為她祝福。大衛畫了長排人群。他們被畫得細緻入微，分佈均勻，構成了一張集體肖像畫。

再一幅名畫，便是「卡娜的婚宴」。它是一幅近十米寬的油畫。畫家維羅內日畫了一百三十個人，其中有文藝復興時期的王公貴族，如查理・甘・弗朗索瓦一世、索里曼。前排打扮成樂師的人是威尼斯繪畫大師提香・丹托雷、巴薩諾。維羅內日也在上面，他穿白袍。他認為「在這樣的大幅畫上，畫家和詩人一樣，可以自由地增加一些人物。」由於維羅內日用巨幅畫來表現卡娜的婚宴，畫面上除了耶穌的信徒。似乎無人注視坐在中間的耶穌。畫面用了高大的建築物作遠景，十六世紀的舞台式的場面，兩側樓梯通向有圍欄的陽台。這幅畫最早是聖育爾納篤信會修道院的財產。一七九八年被拿破崙軍隊帶回法國，最近對之加以修復，消除了發黃的青漆，使之重放異彩。

最後要提的是勝利女神雕像。她傲然高居於拿破崙三世時期修的大樓梯頂部，顯出昂首船頭的形象，雖然失去了頭和雙臂，右翅是方位不當的石膏複製品，這雕像仍不乏詩意。勝利女神身體形成美麗的對角線，身著被浪花拍打的衣褶，屹立海岬，迎風抗浪。勝利女神雕像的用意是在紀念坡立斯特（Demetrius Polircetes）對土耳其的海戰勝利。

看完這些藝術精品以後，我深幸能夠來欣賞，但願愛好藝術的人，也能前來羅浮宮一遊。

作者（右）與世界詩人大會主席楊允達合影

富麗堂皇的凡爾賽宮

記得我在初中上西洋史課時，就曾聽到老師說：第一次世界大戰結束後，就在凡爾塞宮簽訂和約。但因德國租借山東膠州灣未能歸還中國，我國代表乃拒絕在和約上簽字。從那時起，凡爾塞宮便印在我的腦海中。

二十多年前雖然跟著旅遊團去參觀過一次凡爾塞宮，但因衹是走馬看花地在那裏兜了一圈，早已忘記了它的印象。這次能夠重訪該地，當然就很注意欣賞它了。

凡爾塞宮外觀，是一排黃色大樓，左右並列，中間突出，共長半哩（見附圖）。宮內共有一千三百個房間。每棟大樓都是三層高，巨窗並立，整齊劃一，非常醒目。中央大樓前面，闢有一塊廣大的公園，佔地二五〇畝。按照幾何圖形，種植各種鮮艷的花卉，修剪整齊，非常美觀。公園中間，建有噴泉水池，水池中放置很多雕像，再往前看，遠遠地有一條長方形大運河，水波不興，但粼粼閃光，反影一一呈現眼前。大運河兩旁，都是森林，濃蔭覆蓋，不見陸地。路易十四等帝王常去那裏打獵，大概沒有迷路，否則不會一直住在宮裏。

凡爾塞宮為路易十四下令建造的。在法國建築師路易斯勒吾（Louis Le Vau）指揮下於一六六一年開工，共化四十年始告建成。以後各個皇帝又相繼增建。宮裏收有很多歐洲有名的藝術家的繪畫和雕刻。不過當一七八九—一七九九法國大革命期間，暴民衝進凡爾塞宮，毀壞了所有的傢俱、陳設、裝飾和藝術品，直至二十世紀初，法國政府才開始恢復重建工作。

遊客們進入凡爾塞宮後，對國王和皇后的臥室、鏡廳、大力士廳都排隊去看。那些臥室的木料都是用真金鑲邊的，牆壁都是用大理石做的，天花板上都掛著巨大輝煌的吊燈，所有的陳設都是稀有的古董。鏡廳則是一個很長的走廊。因為每一個巨大的鏡子都斜對著一個拱形的窗子，因此命名。此廳共有十七個大鏡子。全廳二四〇呎長，三三呎寬，四〇呎高。裏面有鍍金的燭臺，水晶的弔燈，天花板上有布純

（Charle Le Bran）向路易十四效忠的圖畫。開晚會時，三千支臘燭都一齊點明，映在十七面大鏡子中的返光加倍明亮，因此，使凡爾賽宮西前方的大窗戶格外透明。據說戴高樂曾在此廳特設國宴招待甘乃第總統，以示眩耀，並藉此報復在第二次世界大戰時屢受羅斯福的輕視。第一次世界大戰和約也在此廳簽訂。

大力士廳有一個很高大的空間，共有三八〇平方碼（三一八平方米）。天花板上畫有希臘神話中的大力士神像。

另外，凡爾塞公園內，距離凡爾塞宮約一公里地方，還有兩棟小宮殿：一棟稱作大皇閣（Grand Trianon），另外一棟名為小皇閣（Petit Trianon）。大皇閣是路易十四所建，他去那裏是要避免凡爾塞宮中的許多官式活動。小皇閣則為路易十五所造，其妻瑪麗安托勒特（Marie Antoinette）為逃避在凡爾塞宮中嚴肅的生活和被審視，就很喜歡住在裏面。

她因盧梭（Rousseau）主張回歸自然和要過高尚的簡單生活，激發了她的同感。於是她就請米格（Mique）於一七八三年在大皇閣湖邊替她建造一個有十二所房屋的小村莊，讓她去過農人的簡單生活。她穿著女牧人的衣服搬來這裏，觀看放牧的羊群和農人擠牛奶，男人捕魚，女人在木板上捶打衣服，再丟在湖水中洗滌，以及用驢車載運芭米到磨坊去。人們雖然不能看到小村屋的內部，但其非正式的外觀，與凡爾塞公園裏正式的景緻，有顯明的差異，因此，這個小村莊便成為最吸引遊客的觀光勝地。

凡爾塞宮在路易十四時代，住有貴族、僕人和食客共約兩萬人。到了現在，每年前往凡爾塞宮參觀的遊客有三百萬人。兩時的人數雖然不同，但其佔地面積之廣大，建築之宏偉，內部之華麗，以及地位之重要，並無差別。可見凡爾塞宮之成為世界著名的景點，絕非偶然。

大英博物館一瞥

大英博物館是一個最早建立的博物館，也是一個最多館藏的博物館，更是一個最好的博物館。英國國會從一七五三年就批准撥款給大英博物館。它在一七五九年一月十五日便告開館。一八四七年新廈落成後即遷出蒙特格屋（Montague House）舊館而進入新廈。

大英博物館是以收藏及解釋文明的歷史為主。它特別注重收藏古代地中海和中

古時期歐洲的文物。它的寶藏有很多種類，如印刷和圖書、鑄幣、獎章、獎牌、紙幣和人種學，以及各地區和中古時期的古物。最吸引遊客的展品如亞洲室，其中有在伊斯蘭教世界以外的伊斯蘭陶器，中國的瓷器，印度的雕刻；史前期和羅馬——英國室收藏的古蹟。特別的寶藏包括從希臘來的愛爾金大理石（Elgin Marbles）從埃及來的羅包達石頭（Rosetta Stone），和從古代美索布達尼亞城市（Mesopotanian Cities）來的古物。

我是一個中國人，因此，對於中國在此的文物很感興趣，現在就將看到幾種特別的中國展品描述於後：

一、規勸的手卷（Admonitions Handscroll）

有一塊絲製的手絹，它是大英博物館裏最重要的一幅中國畫。畫上題有一首詩，規勸宮女要遵守婦女的倫理守則。此畫原為顧愷之（C. AA344-406）所作，可能是一件贗品。最初為北宋徽宗所收藏，畫上還蓋有金章宗（R. 1189-1208）之印。當元、明兩朝時，此畫曾落入很多的私人之手，直到清朝，始被乾隆皇帝（R. 1736-95）取得。

二、景泰藍的罐子（Cloisonne Jar）

在中國的藝術裏，龍有像蛇一樣的身體。要照歐洲的文化看，就視之為不祥之獸。但在中國，卻把龍看作是吉利的，不是邪惡。並且把龍視為帝王權力的象徵。在這裏展出的一個景泰藍罐子，外表所塗的龍是金黃色，有五隻爪。如果不在這裏，很難看到這種罐子，所以我特別對之注視了幾分鐘。製造此罐時，先將罐子塗上景泰藍，再加銅製成粗胚，然後用銅絲紮好，最後再加有顏色的玻璃放進窰裏燒成。如果燒成後品質優良，即可呈上皇帝收藏。中國有很多精美的景泰藍器皿，都留在皇宮和很多的寺廟裏面。

三、玉盤（Jade Bi）

從古代的文物和水彩的顏色中，可以看到在十八世紀時，歐洲和中國對於由靈感激起所作的藝術和想像力，具有很大的影響。這裏有一塊商朝的玉盤，上面刻有乾隆帝撰的一首詩。他在這首詩中說，他寫這首詩是受此玉盤精美的形式，和這塊玉的優良品質而發出了靈感才寫出來的。乾隆帝是一個愛好古董的收藏家。他曾收藏了許多很有名的古畫、銅器、瓷器和玉器。但他不但要收藏這些藝品，而且還要在上面題一首詩或寫許多字，然後蓋上他的御璽，以作紀念。

四、紙錢 (Paper Money)

自從明朝於一三六八年打敗蒙古人主政的元朝以後，即欲恢復使用銅錢。但因缺銅，不能製造。於是便於一三七五年開始印製紙錢代替。這裏有一張當時使用的紙錢。這張紙錢所用的紙張是用桑樹皮製成的。紙錢一直使用到明朝滅亡。但因紙錢膨脹很厲害，它很快地便喪失了它的價值，結果不受人民信任。直到一八五〇年清朝皇帝才敢再發行紙錢。

這張展出的明朝紙錢上端橫寫著「大明通行寶鈔」六字。下面橫寫「一貫」兩字。再下面便是以一〇〇〇個銅錢為「一貫」的圖畫，分為十組，每組有一〇〇個銅錢。最下面便是說明如何使用紙錢並警告偽造者，必將受到嚴懲。

五、瓷器 (Porcelain)

這裏展出的瓷器，有很多是青花瓷的大花瓶、小花瓶、大碗和大壺等。歐洲人似乎特別對於青花瓷器情有獨鍾。大英博物館也如歐洲其他很多的王宮與博物館一樣，收藏著不少的青花瓷瓷器。此外，還有一室，櫥櫃裏更陳列著一排排的白色塗有花卉或禽獸的大碗、小碗、茶壺和茶杯等，花樣繁多，非常精美，令人目眩。不禁想起：當我年幼時，我家亦有類似的白底彩色花卉與禽獸的小碗和茶壺、茶杯，放在破璃櫥櫃裏。祇許觀看，不准使用。當時不知為甚麼不准使用？常向父母詢問，每次都得到同樣的答覆，小孩子不要多問，看看就好了。

六、地獄裏的判官 (Assistant to a Judge of Hell)

這是大英博物館裏最使我驚奇的展覽品。我看見在許多菩薩、道士的塑像中，出現兩個特別不同的塑像，左右並排站立。一邊站著地獄中的一個判官。他要對死人在世時所有善良的行為加以審判。另外一邊則站著一位判官。他要對死人在世時所作的敗德罪行加以審判。前者面帶笑容，和睦可親，使人快樂無懼（見附圖）；後者則兇眼怒視，滿臉惡相，令人望而生畏。兩位判官固然對世人有警示的作用，但是否真有地獄？人們死後是否都要在陰間遭受審判，不得而知？則姑妄言之，姑妄聽之可也。

我這次參觀了大英博物館，雖因受時間限制，不能走看所有的展品，但至少我對中國在此的古物展品還能欣賞，並不虛此行。

建在小山上的格第博物館

堂弟勁松將汽車放在停車場後，即帶我一起登上電梯昇到一個小鐵路站。下電梯後，他帶我立刻搭乘直駛格第博物館（Getty Museum）的專用小火車。小火車沿著彎彎曲曲的繞山軌道從山腳開到山頂，在格第博物館前面停車，讓乘客下去。

格第博物館建在洛杉磯的這座小山上，佔地一一〇畝，共建有一排六棟高大的白色大樓，氣勢軒昂。每棟大樓四週都有巨大的玻璃為牆壁，非常明亮耀眼。它們一邊面臨海岸，一邊俯看洛杉磯市區。在天氣晴朗的日子，洛杉磯市區全景都歷歷在目；而遠處海洋的壯闊天空，亦是讓人驚嘆不止。

每棟大棟各有三層，均有電梯上下。而各棟大樓之間，亦建有空中通道互相連絡，往來各棟參觀，不必先行下樓，再去另乘電梯走進他樓，極為方便。

進入第一棟大樓後，即可依次觀賞高懸各室的展覽品，如時間匆促，或有必要時，可跳過標示次序，逕往您所欲觀賞的展覽室參觀。在所有的展覽品中，最顯著的為西歐各國的油畫、圖書、雕刻、裝飾藝術品、闡釋的原稿和照片。

西歐各國的油畫，有的非常巨大，高聳全牆，有的則橫越半壁。有的光彩奪目，有的陰暗分明。所有人物、動物、花卉、歷史故事、家庭聚首等等。不同畫面，形像逼真，精美異常。我們因受時間所限，祇好走馬看花，不能久留，深以為憾。

格第博物館為美國名建築師理察・梅衣爾（Richard Meier）所設計。在博物館右面下方，有一個非常特別的花園，為勞伯特・歐文（Refert Irwin）所設計。花園內有不同劃分之區塊，種植各種花草，形成各種圖形，剪裁極為整齊美觀。另在石砌之水溝旁邊，放有數座以鐵柱為主體之花架，上面堆土，種植紅色花卉，形成數個樹頂花園，甚為奇異吸睛，觀眾都要走近一看，留連不去。

格第博物館係於一九九七年成立。開館後立即成為洛杉磯區域一個最吸引遊客的觀光勝地。

它的創辦人為保羅・傑・格第（Paul J. Getty 1892-1976）。在格第博物館第一棟大樓進口處，有他的雕刻頭像佇立著。他是一位商人和慈善家。他從事石油工業，賺了很多錢，但他不像其他有錢的富人，把財富遺傳給子孫，為自家後人的幸福著想。他把鉅大的資產，用做建造這座格第博物館，為文化付出，讓社會大眾都能免費享受高尚的藝術傑作。最後並將該博物館捐贈給政府，這種無私精神，廣闊胸懷，令人敬佩。尤其對我們中國的富人而言，更可作為一個良好的示範。

作者（左）與堂弟在博物館前

遊記

聖地牙哥海港遊記

當我們走進海邊公園時，遠遠地便看見一個海軍士兵緊緊地擁抱著一個白衣少女俯首接吻。這在美國，甚為平常，不足為意。可是當我們慢慢地走近時，他倆仍然緊緊地抱著不放。定睛一看，原來他們不是真人，而是兩個雕刻塑像。在他們旁邊，還有十幾個黑壓壓的銅像。其中一個站立的銅像，為有名的諧星保甫・霍布（Bob Hope）。他面對著那些軍人演講或說笑話，所有聽講的人都表現著高興的情狀，有的高舉雙手；有的雙手拍掌；有的開口大笑；有的雙手撐持拐杖，面帶笑

容；有的坐著輪椅，歪頭斜視；有的高舉旗幟揮舞；有的雙手舉著坐椅搖曳，形態各異，栩栩如生，保甫・霍布的這種勞軍成果，其精彩不言可喻。（見附圖）

在這些銅像的後面，有一艘龐大的除役航空母艦「中途號」（USS Midway），停放在海邊上。據說明書說：這艘航空母艦係於一九四五年日本向盟國投降前一個星期下水的，共計服役四十七年。在二〇〇四年一月十日駛入聖地牙哥海港，以後便改為漂浮於水上的航空母艦博物館，供遊客參觀。

登上該艦後，每人可檢取一張說明書，並再領取一個有英語解釋的耳機。順著指示牌向艦上各層逐步前進，參觀官兵的日常生活及操作情形。艦上共有官兵四千五百人，每日要吃數十噸麵包和蔬菜。它為當時世界最大的航空母艦。艦上的飛行甲板跑道有一〇〇一呎長，停放著各種飛機和直升機約七十架，隨時準備出動。雖然未能參加第二次世界大戰，但在越戰時，它的艦載機發揮了轟炸河內的威力和擊敗了北越俄製的米格機，創下了輝煌的紀錄。當南越西貢失陷後，大批越南撤退的難民和漂流在海上的逃亡者，大約共有兩萬多人，都被搜救到該艦上，運送至關島，獲得安全。所以這艘「中途號」航空母艦不但在戰時擔負了攻擊的任務，摧燬了敵人的軍事設施，殲滅了敵機；在平時又能快速地援救大量的難民，發揮高度的人道救護效率。

我們隨即乘船遊覽聖地牙哥海港。上船後我們坐在船頭甲板上。舉目四望，毫無遮攔。船行之處，兩岸各物，都歷歷在目。不過海風吹來，險將帽子吹跑，幸好及時伸手捉住，否則不知飛落何處？遊船駛過聖地牙哥——柯洛浪多大橋（San Diego-Coronado Bay Bridge）和海軍船塢。看見沿岸停泊的大小軍艦數十艘，不愧是美國的一大海軍基地。

在船艙裏有一船員對著擴音器向乘客講解沿岸各重要的建築及名勝，使聽眾向岸上注視，對照所述各物，以增加瞭解。不過講完以後，他便拿出一頂便帽，伸向每個遊客面前，索取小費。

遊完海港下船後，堂弟即驅車駛上聖地牙哥柯洛浪多大橋。該橋係於一九六九年建成，共長二又四分之一哩，高出海面二四六呎。橋面劃分五條車道，自二〇〇二年起免費通行。乘車過橋，不但快速便利，而且居高臨下，海港全景，一覽無遺，既與奮，又緊張，人生難得有此經驗。

車抵柯洛浪多小島（Island of Coronado）後，即見那個紅瓦白牆的柯洛浪多大旅館（Hotel del Coronado）巍然高踞在沙灘之上。它自一八八八年建成，已有一百年的歷史。不論你能否進去住下或在裏面用餐，你見其外觀的雄偉與華麗，都會加以讚美。沙灘上儘是遊客，海邊也擠滿了泳將。男的赤身短褲，女的三點泳裝。或在水中嬉遊，或躺在沙灘上曝晒陽光，各自享受海浴與灘睡。我們到此觀賞，在炎陽之下，遍尋林蔭不得，祇好佇立一刻，欣賞海景和健美的人體以及泳客的歡笑與音樂的聲響，然後離去。

古木參天的愧園

愧園（Kew Garden），又名皇家植物園（Royal Botanic Garden, Kew）。位於倫敦中心西南面約十五公里處，佔地二百九十九畝。是世界有名的植物園。園裏生長著數千種不同種類的植物。不僅僅是一個令人精神愉快的花園，也是一個廣泛的科學研究中心。

園內長滿高大的樹木，也有一個小湖、溫室、步道、閣樓、博物館和威廉、章伯（Sir William Chambers）爵士的許多建築標本。在五萬棵植物當中，有很多顯著的植物種類，如：羊齒植物、蘭花、水

生植物、仙人掌、山地植物、棕櫚和熱帶水百合等。

無論那個季節，愧園裏都有一些植物可看。在春天裏可以看到第一枝春花，一直到冬天，都有花卉盛開。龐大的溫室裏生長著各種喬木、灌木、花卉和世界各地生長的樹木。有的是從北極圈移來的，有的則是從熱帶雨森林遷徙到此的。吸引遊客的樹木和花卉包括最近恢復的日本傳統的園景和隨著季節變化而呈現不同的植物陳列品。最新的溫室，威爾斯植物溫室就包括十個氣候區，從乾旱不毛之地到熱帶地區，其中有最使人驚訝的微小蘭花族群。

走進園內，即見有一小塊園地，裏面種植很多不同種類的仙人掌。形狀各異，大小不一。我想在較冷的英倫氣候下，此地還能生長熱帶的仙人掌植物，有點驚奇。於是立即與小女夫婦分別合照一張照片，以作紀念。（見附圖）

園內所有的植物，每株面前都釘有一塊木牌，上面註明名稱，原產地，生長年限與高度等等。除了極少數的樹木外，我都不能辨識它們的名稱和性能。

園中的樹木，絕大多數都是非常高大。一般樹高，都在數丈以上；樹幹也需數人合抱，枝葉繁茂，都把上空遮蔽。有些樹齡甚至超過一、兩百年，比人的壽命還長。

在許多大樹之中，有一個小湖，彎彎曲曲，湖水清澈。水面有少許水鳥，但在岸邊卻有幾隻白色的大天鵝，帶著許多小天鵝在岸邊步行，不時嘎嘎出聲，悠然自得，我們見此情狀，立即拿出相機，連拍了幾張照片，以作以後回憶，它們的羽毛純白，與加拿大的灰色大鵝和澳洲的黑鵝完全不同，頗為少見，故特在此一提。

園中共有兩個高大的溫室：一為溫帶溫室，另一則為熱帶溫室。前者裏面種植著世界各個溫帶地區生長的植物；後者裏面則培植著所有熱帶地區生長的植物。走進溫帶溫室，雖然感覺溫度較高，但還能忍受。可是進入熱帶溫室後，便感覺溫度頗高，立即全身汗濕，燥熱難受，祇好迅速走出。生長在兩個溫室的花木差異，一般而言：在溫帶溫室裏生長的花木比較瘦小短矮，而在熱帶溫室裏生長的花木，則都高大粗壯。如以竹子為例，在前者裏面生長的祇有一個小茶杯之粗，高不及頂；而在後者裏面生長的則有一個小碗之粗，且高達室頂。

在參觀過很多博物館、畫廊、藝術館和花園後，常有大同小異之感。如再到倫敦

41　古木參天的愧園

郊外的愧園一遊，便有視界一新，感覺不同。進入愧園後，立即看到自然世界，呼吸新鮮空氣，不失為一調劑身心的最佳去處。

建築風格奇異的旅館

在洛杉磯市附近的河邊（RIVERSIDE）小鎮上，有一幢名叫任務旅館（MISSION INN）的建築，形式非常特別又複雜，美倫美奐，為當地一個頗負盛名的觀光景點。此旅館係於一八七六年由土木工程師克里斯多福・米勤（CHRISTOPHER C. MILLER）所建。原名為格倫屋小屋（GLENWOOD COTTAGE），祇有兩層樓，十二個房間。在一九二〇年，其子佛蘭克（FRANK）將其改名為任務旅館，並大加改建，形成很多不同的風格，一直到他死亡（一九三五）。

佛蘭克的改建計劃，是受到從文藝復興時代的風格與影響而設計的，包含各種風格。例如：西班牙的歌德式建築，基督教復興時期的建築，摩爾族復興的建築（MOORISH REVIVAL ARCHITECTURE），西班牙殖民時代的建築，文藝復興時代的建築，和地中海復興時代的建築。由一部份建築重疊到另一部份建築，從一處增建的地方再增建，使整個旅館建築變得非常錯綜複雜。所以這個旅館裏面有狹窄的通道，外面的拱廊，中古時代的大鐘，一個五層樓的圓廳，無數的天井和窗戶，行蹤不明的噴水口、古堡塔、長尖塔，一個修道院和地下塋墓、飛出的拱壁、地中海式的圓頂、一個行人天橋等。

造成這個旅館建築複雜的原因：其一是佛蘭克為迎合他妹妹的喜好；其二則由於很多不同的建築風格融合在一起。

佛蘭克在他改建這個旅館的三十年中，曾到世界各地搜集各種寶藏，帶回旅館陳列展覽。這些高貴的藝術品，據估計價位高逾五百萬美元。

在這個旅館的左後方，還建有一個叫做聖佛蘭西斯的教堂（ST. FRANCIS CHAPEL）。此教堂有四個裝上染色玻璃的巨大窗子，和兩塊由路易斯提費尼（LOIUS C. TIFFANY）所做的鑲嵌細工的裝飾品，還有一個墨西哥式奇異形狀的「賴亞斯神壇」（RAYAS ALTAR），高二五呎，橫寬十六呎。此神壇是從西洋杉雕刻出來，再完全用金葉包裝的。吊在鐘園裡，米勒共收集了八百多個鐘，其中有一個鐘為「基督教最古的鐘」，造於一二七四年。

一九三二年，佛蘭克還在聖佛蘭西斯教堂裏加建了一道「著名的飛行員牆」，用以表揚顯著的飛行員。第一次世界大戰時傑出的飛行勇士艾迪立肯別克爾（EDDIE RICKENBAKER）曾於一九四二年三月二十日在此受到敬禮，並成為第五十七位姓名被鑲嵌於此牆上的飛行員。現在還有一五一位飛行員的簽名被雕刻在一塊銅板上，附加在此牆上。

佛蘭克於一九三五年去世，此旅館便由他的女兒和女婿繼續經營，但他們倆人也於一九五二及一九五三相繼死亡。此後這個旅館又易手數次。當卡內資本集團（CARLEY CAPITAL GROUP）於一九八五年買下此旅館後，便將它關閉，再重新改建，耗資五千五百萬美元。但因在改建中發現許多結構性的問題，而增加了很大的費用不能支付，使原訂於一九八八年十二月重新開張數星期前被迫停止。因此，它又被賣給河邊鎮一位名叫杜尼羅白斯（DUANE R. ROBERTS）商人，由他完成改建工程，繼續開業。

由於這個旅館建築有很多奇異的風格，在過去的一二五年中，成為河邊鎮觀光中心。不但擔任了接待季節性和假期性的遊客功能，也承擔了突發性的政治功能和社交的集會場所。尼克遜就在此旅館結婚的，雷根夫婦也在此旅館度蜜月的。其他八位美國前總統赫里遜（BENJANIN HARRISON），麥金尼（WILLIAM MCKINLEY），老羅斯福（THEODORE ROOSEVELT），塔虎脫（WILLIAM HOWARD TAFT），胡佛（HERBERT HOOVER），甘乃迪（JOHN FITZGERALD KENNEDY），福特（GERALD FORD）和小布希（GEORGE W. BUSH）都曾到過此旅館訪問。

至於其他的社會名流和影劇明星來此居住的更是不勝枚舉，可見其名聞遐邇，賓客常滿。

這個旅館也附設好幾個具有國際性口味的餐廳：如意大利的、墨西哥的、西班牙的以及其他獲獎的餐館與海鮮飯廳，堂弟堅邀我進一餐廳晚餐，他給我叫了一客食物，在一碟中祇有一塊牛排，兩片蕃茄，一個烤馬鈴薯，幾片生菜。吃畢，拿到賬單一看，該碟食物標價六十美元。如此高價，真使我大吃一驚，大概該餐廳不衹在賣那一碟晚餐，也許還一併加售此旅館的名氣？

作者（左）與堂弟

奇特的印地安人博物館

印第安人現在雖然不再以獵取野牛（Buffalo or Bison）為食物，但是他們為了保存他們的文化傳統，對於過去的歷史，仍然津津樂道，甚至不惜利用各種方法與情況儘量宣傳。

不久前在加拿大沙斯克其旺省（SASKATCHEWAN）的沙城（SASKATOON）近郊，印第安人就其祖先捕殺野牛的地點，建立了一個名為「溫勒斯克文古蹟公園（Wanuskewin Heritage Park）」。公園內並造了一座奇特的博物館。

今年五月二十七日，我們沙城養生會一夥二十多位會員前往該博物館參觀（見附圖）。在我們到達前，從很遠的地方即看見博物館屋頂上有四個圓椎形尖塔，一邊兩塔，並排矗立，特別顯眼。

下車後走進館前廣場，則見建有幾個大小不同的野牛塑像，形象逼真。大家都紛紛停在野牛像旁，找人拍照。另外還有一個披著狼皮的印第安人像，大口張開，令人望而生畏。進入館內，即可看見有兩隻真實皮毛的野牛站在大廳內，周圍用木欄圍住，供人觀賞。館內左前方有一間小劇院，專門放映介紹印第安人的歷史與生活。左後方則有一間畫廊，各邊牆上都排滿有關印第安人的繪畫與圖片，非常精彩。館內右後方也有一間較大的展覽室，輪流展覽印第安人的生活特輯。這次我們所看到展出的專題是馬：原來在草原地區的印第安人自古以來都是用狗來拖運帳蓬屋，柴薪和肉類，直至一七三〇年才逐漸使用馬匹，並特別馴練快馬以騎獵野牛。同時也用牠們以防衛搶劫和作戰。在一八七六年六月二十五日至二十六日於蒙特那（MONTANA）東部地區發生的小大角大戰（BATTLE OF LITTLE BIG HORN）中之馬，便用塑像在此室內展出，栩栩如生。這些從印第安人如何用狗到用馬的過程，都以各種特製的圖片和模型，使整篇故事完整的展出，讓人一目了然，令人印象深刻。

館內後方，則有一片圓形廣場，周邊都設有座位，供遊客休息。等大家坐下後，即有一位身穿印第安彩色服裝的少女，頭帶白色棉花球兩個，腳穿黃色布鞋，肩披光彩奪目的披肩，兩手緊握著披肩兩邊，站在場地當中，一聽唱片音樂響起，立即隨聲跳起 POW WOW 舞，特別的步伐與擺動，突顯印第安人的不同舞蹈，觀眾都摒息觀賞。一俟音樂停止，舞蹈告終，大家都一起跑向那位舞女身旁，與之合照，或單獨拍兩人照，喜笑顏開，歡樂不已。

除表演舞蹈娛眾外，有時也有在館內服務的印第安人，從廣場牆角處取出預存的很多木桿，大塊獸皮和繩索等，作搭建印第安人居住之圓椎形帳篷屋（PITI）示範表演，他們技術純熟，不消幾分鐘便告搭建成功。隨即又請幾位參觀人員模仿搭建另外一個圓椎形帳篷屋，這些人拿到建材後，都手忙腳亂，汗流浹背，花費了很長的時間，都不能搭建起來，最後，只好請那位示範人員協助搭成，才能尷尬地下場。所謂「看人挑擔不吃力，自己壓得聲啣啣」。

在博物館外的後面，有一塊樹立的地圖，標示幾條小路，遊客可隨標示牌自動步行參觀。路上有兩處說明是印第安人捕殺野牛的「野牛跳落崖（BAFFALO

JUMP）」。該兩處都是三面平坦，北面則稍高昂，但背後石岸，卻陡峻異常。印第安人騎著馬，手持武器，從東南西三面合圍大批野牛，逼著野牛只有向北面逃竄，等到抵達高地後，別無退路，只有向前奔逃。因此，紛紛墜落崖下，不死則傷，此地即所謂「野牛跳落涯」也。印第安人在此常獲大批野牛，共同分食，大快朵頤。多餘的野牛肉，往往可以維持很久一段時間食用。循著小路再向前走，不遠處即有一塊較大的空地，據說原來印第安人在那裡曾築有一個很大的堅強大木欄，使那些受傷的或誤入該地的野牛，都被趕入該木欄內，暫時餵養，以便缺食時宰殺，此欄即所謂野牛欄（BAFFALO POUND）。

作者（右三）與沙城養生會會員們合影

此博物館的設立和展出，都是介紹印第安人與野牛的關係和歷史，為北美州唯一的此類博物館，不但吸引遊客，增加本地觀光收入，也為研究北美人類學者，動物學者和考古學者等提供場地及研究資料。

最後，附帶說明一點，印第安人現在雖然不以捕殺野牛為主食，但在此博物館內附設的小飯館裡，仍然可以買到野牛肉漢堡，一飽口福。也許在本市出賣「野牛肉漢堡」者，只此一家，別無分店。

墨特勒河景殖民地參觀記

很久以前就聽說，在美國南特科達和蒙達那等州與加拿大西部草原區三省，都有不少黑特勒人殖民地散佈著。他們是基督教的一個小宗支，係於一五二九年在歐洲的莫拉維亞（MORAVIA）創立。他們遵照早期基督教的信仰，實行財產共有制，反對戰爭和暴力。他們居住在殖民地裏面。每一殖民地約有一百人。其領袖為吉格甫黑特（JACOB HUTTER）。在當時他們受到嚴重的迫害，吉格甫黑特在一五三六年就被綁上火刑柱上燒死。

黑特勒人都是農人，他們過著簡樸的生活，自己生產一切生活的必需品。每天大家聚會一次，向上帝崇拜與祈禱。其中有一位傳道人，另外有一個人為領袖，同時他也管理財政。他們在殖民地內自設一所幼稚園和一所小學。兒童在開始說話時講德語。五歲進小學後便學英語。

一五九五年他們被迫遷居於烏克蘭。後於一八七四年又漂洋過海移居到美國。在一九一八年，又有很多人從美國移民到加拿大。現在他們在北美的總人數約四萬人。

今年七月中旬，我們一群沙城養生會（SASKATOON WELLNESS ASSOCIATION）會員前往靠近沙斯克通（SASKATOON）一處名為黑特勒河景殖民地（RIVERVIEW COLONY）參觀。自沙城乘車約一小時即抵達該處。那裏面臨沙斯克其旺南河（SASKATCHOWAN SOUTH RIVER）北岸。殖民地進口處豎立一塊橫形名牌「河景殖民地」。進入裏面後，就看見很多大小不同的房舍，分佈在一塊廣大的土地上。一位女接待員先引導我們至一個大餐廳休息。不久，便由數位穿著黑色長衣，帶著黑頭巾的婦女們端出盛滿麵包、肉類、蔬菜和水果等，分別放置數排橫長的桌上，讓我們先吃午餐。這些食物與外面餐館所煮的味道不同。不但獨具黑特勒人的口味，而且新鮮豐盛；例如甜蜜的麵包，純淨的肉類但不油膩。蔬菜更是剛從菜園採取的，清脆可口；所有雞肉、豬肉、牛肉等，也都是他們自己畜養並屠宰的雞、豬、牛，沒有病毒。隨即又有沙斯克通漿果（SASKACTOON BERRY AND PIE）及餅，作為尾食。這裡派是他們自己焙的，在外面餐館是很難吃到的。大家在飽餐一頓午餐後，都覺得大快朵頤，齒頰留香，但每人所付，僅加幣十元，非常公道。

稍息片刻後，那位女接待員便率領我們分別參觀養雞、養羊、養豬、養牛各大畜舍，雖然每個畜舍都有臭味，但地上仍算不太污穢。接著即轉至屠宰館。那裏有各種屠宰的機械，冷熱水設備，清潔工具，以及冷凍冰庫等。這些器物都擦拭乾淨明亮，符合衛生標準。此殖民地所有人員每日所吃的肉類都是從這裏取出的。

與屠宰館隔鄰的一間房舍，乃是廚房。裏面擺滿了大鍋、小鍋和各式炊具、量表、碗、碟、刀、叉、匙等。此外，還有一個大水槽，以作清洗肉類、蔬菜和碗、碟、刀、叉等之用。四方牆壁前面，也擺滿了碗櫥和冰箱。很多婦女都併排站立，一起分工切菜烹煮、洗滌和清潔工作。沒有人埋怨，也沒有人取巧偷懶。

走出大廚房後，我們即跟隨接待員直接前往小教堂去。小教堂裏面座位雖然不多，但佈置卻很莊嚴肅穆。每日都由那位傳道人率領全體居民舉行崇拜和祈禱。

小教堂前方及更前方，都是居民各家住房，一式建築，排列整齊。每家屋前屋後，都種有樹木和花卉。在前後兩排住房中間，是一片廣闊的草地，修剪平整，綠意盎然。

沿著草地旁邊小徑走去，便到工具室參觀。工具室裏面放有很多刀、鋸、鉗、鑿等工具，和塑膠、木料、紙張等製造材料，以供製作各種傢俱及修理之用。另外，還有各種圖表、計量工具、凡屬木工、鐵工、小型機電工程所需之用器與原料，大都齊備。他們平時都在這裏修建一切新舊及破損的物件；同時也在此地教導和訓練年輕人，作為以後接班。

參觀所有專門房舍內部以後，走到外面，一眼便見一片廣袤麥田，青青麥苗，隨風飄揚，不見盡頭，將來收穫萬斛，當可預期。遠處麥田中，偶爾也有幾架一字排開的有孔噴水機佇立者，以便在天氣乾旱時噴水灌溉之用。

當播種和收穫時，他們也使用現代農業機械操作，增加效率。如果農機損壞了，他們也自己動手修理，除非力有不逮，不會僱請外面工匠來此修復。所以他們雖然自己辛勤工作，但仍充份利用現代農業技術，發揮最大的農業生產。

他們的兒童，從三歲起就被告知工作的價值，以後便要他們在家裏打掃清潔，幫助大人處理雜事。與其他兒童在一起工作時，也要他們彼此互助合作，像親兄弟姊妹一樣，不分軒輕。

成年的婦女，除了每日擔任固定的工作以外，閒暇時也做些手工藝品，如刷洗鍋子的刷子，焙沙斯克通漿果派、織襪、縫製羽毛枕頭，以及其他器物，然後拿到附近的農人市場去銷售，藉以貼補家用。當我們參觀完畢，準備離開時，她們也把新出爐的麵包和自種的新鮮大生菜（ROMAINE LETTUCE）陳列在門口長桌上，讓我們選購（見附圖），這些都是她們的生財之道。

作者（右二）與沙城養生會友人們

綜觀這次參觀，深覺黑特勒人，雖然自限於殖民地內，營建共同生活，與外界隔絕，但他們自力更生，勤勞簡樸，善加教養兒童，彼此親愛合作。和樂融融，不禁令人尊敬與羨慕。

多彩多姿的民俗表演

沙城一年一度的民俗表演節（Folkfest）又到了，它是沙城（Saskatoon, Canada）每年夏天最後一次的文化饗宴。每年八月第三個星期四至星期六三天，都有十幾個加籍不同國家的移民開設館場，展示其文化特點，服飾（見附圖），飲食與歌舞表演，讓全市及附近人民前來參觀，欣賞與嚐試其口味，使人知道各個不同的生活習慣，充分表現沙市的多元文化。每年參加的館數，都有增減。通常都有十六至二十個館。今年共有十六個民俗館，其中最有名的民俗館為亞洲太平洋館（台灣與日本）、菲律賓館、加勒比海館、印度館、巴西館和烏克蘭館等。中國館、匈牙利館、荷蘭館、秘魯館等今年都停開休息。另有新增的民俗館為全球館，由寮國館和Oromo館合組而成。它們兩館因移民人少與經費不足，由皇家銀行贊助。參加的各國民俗館分別設立在本市的各中學校舍，教堂，以及公立體育館內。各國民俗館都設立一間廣大的展覽室，陳列該國的地圖、物產、服飾，特殊產品和紀念品等，每個攤位都有專人在旁說明，招待與出售。另外一大間則為歌舞表演室，除一端搭建表演臺以供表演外，台下則排列很多坐椅與長桌，供觀眾乘座與用餐。在觀眾席後方，為販賣該國特別飲食之攤位，讓觀眾購買食物與飲料，然後端至長桌旁坐下，一面進食，一面欣賞台上表演。如果未值表演時刻，則在進食時，與同伴聊天等候。

在這些民俗館中，以歌舞出名的為：台灣的絲帶舞，巴西的森巴舞，菲律濱的頭頂碗燈舞，愛爾蘭的踢踏舞，蘇格蘭的高山舞，烏克蘭的跳躍舞，希臘的地方舞，中美洲的眩目舞等等。各國跳舞的男女，都是年輕的青年和幼童，穿著本國的美服，鮮艷明亮，光彩奪目，令人大開眼界。在服飾方面，最顯眼的如：中國的旗袍、印度的絲綢衣裙、菲律濱的明亮方正上衫、日本的和服、巴西的鑲珠美服、蘇格蘭的男裙、烏克蘭的繡花外套、德國插滿紀念章的禮帽、墨西哥的寬邊大草帽、寮國的黃金王冠、挪威的一對牛角帽、荷蘭的雕刻木鞋、南美粗線編織的大毛衣等等，都是讓人觀看很久，或爭相購買的搶手貨。

再以特殊表演為人喝彩的如：日本的劍擊、中國的武術、滾龍燈和抽陀螺、菲律賓的跳竹桿、加勒比海人的吞火表演和踩高蹺、烏克蘭的翻筋斗、蘇格蘭的吹風笛與打鼓等等。這些表演都使觀眾非常興奮，常常起立鼓掌，大聲叫好，或一起合唱。當加勒比海人在台上跳舞時，台下的許多幼童，都一起模仿著舉手伸腿，扭腰擺臀，非常滑稽，令人發噱。

至於以特別食物著稱的民俗館如：中國的餛飩、日本的壽司（Sushi）、德國的豬蹄泡白菜和啤酒、印度的咖喱雞、挪威的甜點、蘇格蘭的內臟肉餅（Haggis）、烏克蘭的夾心麵團（Perogies）、希臘的肉串等等，都是讓人饞涎欲滴，齒頰留香。

作者在民俗中國館

觀眾每人只需花費十五元加幣買一張門票，即可免費搭乘專駛的公共汽車前往各民俗館參觀，不限次數，而且還可攜帶十二歲以下的兒童免費入場。只要三個晚上，就可參觀十六個國家，不必親赴各國旅遊，便能一窺其國的人物與風情，既經濟省時，也非常歡樂，所以每年此際，都有人山人海的觀眾。

雜感

時窮節乃見
——追憶香港調景嶺難民營生活

一九五〇年六月底我從香港東華醫院出院後，即轉往九龍那邊的調景嶺難民營去居住，在那裏渡過了大約一年的慘痛生活。

調景嶺原名為「吊頸嶺」，傳說在二十世紀初，有一位加拿大人倫尼（RENRIE'S）在嶺下海邊建一麵粉廠，因經營失敗，自縊身亡而得名。迨一九五〇年六月港府將摩星嶺七千難胞遷徙至此，以原名不祥，乃取其諧音，改名為調景嶺。

剛到調景嶺時，一片荒山野草，僅有港府社會局所造的A字型油紙木板屋，一排排地散佈在山坡上，用以安置傷殘軍人及有飯票的老幼人士居住。我和政大地政系同年馮淮洲同學合住於一A字型油紙木板屋內，藉以暫避風雨。其他難胞需自行建屋，都以油紙為頂，木條竹架搭成，用乾草草蓆鋪地。環屋闢小水溝以導雨水。此種簡陋棚屋，數小時即蓋好，可以入住六、七人至十數人，自成一室，曲膝而臥，其艱苦可以想像矣！

每天除去大坪領取營方供應的兩餐飯食外，我和馮兄的生活方式各自為政，正如當時的嶺上難民一樣，視各人的興趣，能力與專長而定。一般而言，嶺上的難民自營生計，真是五花八門，有關係的人去港九打工，體力好的在石場打石子，女生甚至男生向工廠領來繡花代工。我除常去宣道會教堂聽道外，下午天氣炎熱，亦常隨著眾人在海邊游泳，藉以消暑和消磨時光。但在閒暇時，亦常握筆撰寫文稿，投寄各報及雜誌，但僅略有刊登，稿酬不多，祇能購買日常零星用品，偶爾給自己加菜打一下牙祭而已。

在數千人的難胞中，確有藏龍臥虎之輩，包括各種人物：有黨、政、軍、警、學、商、工、農各界人士。以國軍人數最多，有軍、師、旅、團、營，連長等多人。國大代表、省議員、縣議會議長、縣議員、大學教授，中、小學校長、教師、大學生，縣、市、鄉、鎮長、牧師、神父、修士、傳教士、工商業者、地主等各行各業人士。這些人都是忠貞愛國者，都是熱愛中華文化，遵崇國父孫中山先生遺教者，也都是堅決反對馬列共產主義，愛好自由民主者。

最顯著的表現，他們雖然生活艱苦，但仍然勤儉自勵，志氣高揚。就在雄視鯉魚門港口的舊碉堡上漆以「青天白日滿地紅」巨幅國旗，復在山峰兩旁分別刻上以白漆書寫的「中華民國萬歲」與「蔣總統萬歲」的巨幅標語，在數里外都可以看到。大家朝乾夕惕，團結自強，被譽為「反共精神堡壘」，又稱譽為「小台灣」，以後又被稱為「文化堡壘」。

調景嶺難民營成立後，聲名遠揚，不久，很多自大陸逃港的黨、政、軍、警、教各界人士，都陸續遷至調景嶺居住。最多時全區近三萬人。由於難胞來自大陸各地，於是紛紛組織各省同鄉會，同學會，青年軍聯誼會，中山學會等，不一而足，彼此互相扶持照顧。

大家雖然暫時得到安頓，但心靈仍感空虛，宗教界人士有鑒於此，也立刻網羅自大陸各省逃港的傳教人士，在調景嶺設立教堂、佈道所、佛堂。當時可見的：如基督教的信義會、路德會、宣道會、崇真會、錫安會、神召會、安息日會及天主教會，另有佛教的普賢禪院，回教堂等，均宣揚教義，廣收信徒，對安定難胞心靈，撫慰苦難，確屬頗有貢獻。

前述調景嶺被稱為「文化堡壘」也是有原因的。第一：當時住在營裏的人，教育水準高；第二：調景嶺營內較其他地區的教育還發達。全盛時期，有中學五所，小學九所，幼稚園三所。學生人數達六、七千人。有不少從港九、新界，離島的學生來此寄宿讀書，所以教育非常發達。當時計有信義會辦的信義中小學，天主教辦的嗚遠中小學，台北中國大陸災胞救濟總會辦的調景嶺中小學，路德會辦的路德小學，宣道會辦的宣道小學，廣東同鄉會辦的逸仙中小學，佛教人士辦的觀音中小學，另有中正小學和德風小學等校。不管是教會或私人辦的學校，都因沒有充裕的經費，教師的待遇，十分菲薄。但當時居民中的知識份子，都毅然獻身教育，目的不是為了賺錢，而是為了要教育下一代。數千兒童完成了中學學業，大部份赴台升讀大學或考入香港的

高等學府，進而留學歐美，獲得碩士、博士學位，為數頗多。見（註一）

在難民營中居住的人，都是由大陸各省縣市逃出的，所以在語言上，真是南腔北調，難於聽懂，不免常有隔閡，但大家在患難與共，有無相助的精神下，彼此間所發生的誤會和問題，也就迎刃而解了。

除了在上述的宗教和教育團體外，營中還有一些其他社團如：平劇社、話劇隊、克難籃球隊等組織。每有慶典，均有戲劇演出。特別是克難籃球隊，內有當年國軍籃球好手，每日練球比賽，不少居民圍觀，並多次出外比賽，橫掃港九各球隊，可以說戰無不勝。曾有美國第七艦隊籃球隊來嶺比賽，結果打成平手，甚為轟動。中山學會經常邀請著名學者，政黨領袖來嶺演講。基督教會，天主教會，也多次邀請中菲著名佈道家來嶺佈道，宣揚基督福音。自治辦公室也有專人編輯營報，每日刊出之營內消息及台灣、大陸和國際新聞，以及張貼當日的報紙供居民閱看。使在苦難中的調景嶺居民，也獲得不少的精神食糧。

營中的難胞，除受天災颱風暴雨數次吹襲，使簡陋的居室，幾乎不保外，也受人禍的危害。一九五一年七月十日，左派份子曾在水源洒下毒藥，約逾二千人上吐下瀉，全營震動，所幸未有傷亡。同年十月三十一日居民在海邊大坪舉行慶典集會時，又遭左派份子縱火燒燬第三區的房舍、衣物，當時的慘狀，令人難忘。

由於大陸的陷共，主要的原因在於共諜的滲透，出賣軍情和國家的機密，所以政府遷台後，對於保密防諜，至為嚴厲。故流亡在調景嶺難民營內的我們，一時都無法入台。當時居住在台灣的人，亦對申請入境者，雖為至親好友，都不願擔保，因為大家對在境外之人是否為共諜，談虎色變，風聲鶴戾，完全失去信心。我無親友在台，亦乏有力人士支持，對於申請入台一事至為憂慮。幸蒙同室馮淮洲兄轉託其同鄉和政大早期畢業校友都喜奎先生為我擔保，得其允諾後，始獲赴台入境證，非常感激，至今猶存腦內。此後，每日都至營內大坪辦公處察看公佈的掛號信名單，以免失誤，急迫的心情真是望穿秋水。最後，更由大陸災胞救濟總會購贈船票給我，始能乘輪去台，重返祖國懷抱。

註一：見國立政治大學第十六、十七、十八期同學參加川西戰役六十周年紀念特刊第一五五頁。

權利、金錢與女色

權力、金錢和女色似乎是相伴而生的。權力越大，或金錢越多，似乎越貪女色。

加州前州長阿洛施內格（Arnold Schwarzenegger）。他有一位出自名門的太太，自己又是一位小有名氣的電影演員，竟與僱用的女僕在家中發生奸情，生了一個私生子。他的夫人因此憤而與其離婚，要求巨額贍養費。不但如此，他的醜陋下流行為，也被人們卑視不齒。

伍茲老虎（Tiger Woods）是一位有名的高爾夫球大明星。他也有一位美麗的太太和子女，但他寡人有疾，與很多的好萊塢女明星暗通款曲，終於紙包不住火，被其夫人發覺，用高爾夫球棒將其高貴的轎車打毀，最後與其離婚，也賠上大量的金錢。

美國前總統比爾克林頓（Bill Clinton），是有名的褲子拉鏈常開的人，他大膽在橢圓形總統辦公室內與一位女實習生發生性行為，終至暴露公堂，身敗名裂。另一位美國前總統約翰‧甘乃迪（John F. Kennedy），極喜玩弄女人，亦是世人耳熟能詳的。雖然他脊背受傷，還是到處潛巡美女，連艷星瑪麗蓮夢露都是他的手中獵物，艷聞不止。

最近被紐約法庭審訊的前國際貨幣基金總裁多明尼格‧斯塔斯克恩（Dominique Strauss-Kahn），因強姦旅館清潔女工罪嫌而遭警察拘押，送上法庭，因此而被迫辭職。雖然終獲無罪釋放，但其名譽已遭受重大損害，無可挽救。他本有可能當選下屆法國的總統，從此變成泡影。

再說中國的毛澤東，大家都知道他前後共有四位夫人，但是很多的文工團女團員、醫院的護士，以及其他各行各業的美女，祇要給他看到，都會被阿諛的官員攜帶「謁見」，遭其蹂躪。據過去一位高官說：他的後宮有三千人，比歷代好色的皇帝，不遑多讓。

以上這些非常聰明的人為甚麼都會做出如此的笨事？傲慢自大，金錢萬能。很明顯地都與他們的權力，地位和金錢有極大的關係。他們認為憑著他們權勢和金錢就可以不顧道德、倫理和名譽而為所欲為，毫無顧忌。不過，人算不如天算，凡做過的事，都會留下痕跡，人們終究都會發現的。

失業與移民

不論是機關裁員，工廠關閉，或公司破產，所有被解僱或被遣散的員工，都是失業的人。從此以後，便無收入。小則個人生活困難，大則難以養家活口。如果失業過久，則債台高築，無法歸還。而終日長吁短嘆，精神不振，以致被人嫌棄，毫無尊嚴。種種困苦與難堪，自非筆墨所能盡述。因此，思想靈活的人，便想移民到外國，尋求新天地，以便生存，並圖發展。現在有很多歐洲人，因在本國不能找到工作，都紛紛向加拿大移民，以求就業，並改善生活。這批移民潮是自十九世紀以來的第二次。

溯自二〇〇九年以來，歐洲有很多的國家，因為主權國債太多，頻臨違約邊緣，造成金融海嘯，經濟蕭條，以致失業人多，影響所及，全世界都發生經濟危機。這些國家為了挽救危機，一方面實行嚴厲的緊縮政策，另一方面則徵收高稅，因此，失業的人數更加增多。根據希臘媒體的報告，在過去六個月期間，希臘的失業人口，已超過百份之二十，年輕人更超過此數，受到最嚴重的打擊。同樣的情形也發生在愛爾蘭，男女的失業率為百份之二十四，年輕人也是最大的受害者，失業率竟高達百份之三十一。

為了逃避本國的經濟困苦，尋求幸福的新生活。據愛爾蘭經濟和社會研究所最近的一份報告，每週估計約有一千個愛爾蘭人離開本國。同樣，在希臘每週亦有成千的技術工人移民到外國。

現在從歐洲來到加拿大的移民，大多數都是技術工人，頗受歡迎。因為加國人口老化，非常缺乏技工，尤其西部各省，更加嚴重。此種情況，如與以往華僑移民相比，完全不同。主要原因．在於來加之華僑，多為知識低落，沒有技能，僅靠體力勞動，謀求生活，故頗受歧視與虐待。

現在這些從歐洲移民來加的技術工人，在此安家立業，仍有很多困難，例如多數人都有語言障礙，即使是愛爾蘭人，所說的英語亦稍有不同，仍需調適。至於風俗習慣，各國來的移民，雖然都是同源於西方文化，但不完全相同，仍需與本地居民交流，需時長久，才能融入。至於技術方面，多半亦需重新學習，或在職訓練，方能接軌無縫。另在待遇與福利方面，可能亦稍有差異。至少在初始工作期間，或難避免。另在不同種族與宗教信仰之間，常存有形或無形的歧視，亦屬常見。至於居住問題，子女教育問題，亦常引起煩惱。

總之，無人喜歡失業，但是在很多情況下，還是會發生，自己不能控制。但在失業之後，要想離鄉背井，遠離本土，移民別國，能否找到新綠地，開創新局面，感覺快樂與幸福，亦屬未定之天，結果如何？祇有聽諸命運！

不能與自然相爭

最近幾年，天災不斷發生。二〇〇四年東南亞的地震，緊接著海嘯衝起，使泰國、印尼的蘇門答臘等地死傷數十萬人，財產損失更是鉅大。兩年前海地的大地震，除死傷數目慘重外，至今仍有很多受難災民，未能安置。去年澳洲的水患，流水所至，房屋、車輛等等都沖垮，隨流而去。今年年初，紐西蘭的南島發生七級大地震，大教堂、高樓都被震倒，道路裂開，本地居民與遊客，都死傷慘重。三月初，日本的仙台，又爆九級大地震，十多公尺高的海嘯又鋪天蓋地的滾滾衝來，大浪越過堤岸、房屋、車輛，一切物體，都被海水衝翻，隨波而去。目睹其景，至為恐怖。隨著在福島沿岸之核電廠亦被震起火，四個機組都告破壞，洩漏輻射，飄落至太平洋周邊各國，至今已過數月，仍未撲滅，令人談輻射而色變。

現在加拿大各地，又因春天來到，氣溫增高，積雪溶化，河川暴漲，洪水泛濫，淹沒道路、良田，沖毀房屋與橋樑等等，造成嚴重災害。

多年來，人們濫墾濫伐，儘量挖取資源，浪費使用，污染環境，使天氣增溫，太空臭氧層穿破，危害人類生存。現在自然終於發怒，爆發巨大威力；如到處發生地震，掀起海嘯，狂降豪雨，超落大雪，大吹颶風，此起彼落，全球無一安全地帶。人們即使具有精密的警示系統，亦不能預測這些災難而遭受恐怖的傷害。

世界有識的人士，敬天畏地，都極力主張環保，拯救地球。但鑒於最近幾次世界氣候會議，一無所成，對京都環保議定書，又從未實施。大家祇是口頭高嚷環保減碳，卻都是口是心非，各國皆找藉口，自私自利，不肯為大局著想。因此，弄得舉世氣候異常，天災頻仍。人之聰明才智有限，不能與自然相爭，以上所述各災，至為明顯。如再不猛省，真不知災難何日終止！

要健康就要慢節奏

在此科學日新月異的時代，競爭激烈。人人都把時間看作金錢一樣，一刻不容虛耗。因此，人們越來越忙，精神越來越緊張。在路上行走時，都是形色匆匆，似乎後有追兵一樣，不敢稍停一下。到了辦公室，眼睛也一直盯著電腦，聽著耳機，沒有一點輕鬆的樣子。同時，在另一方面，大家都認為求學、經商、工作上都要繼續努力，不斷學習和充實，否則，便跟不上時代，不能生存。

而在現實的生活中，大家又以向上提升期許，於是拼命地要在學歷，收入，地位，職務，聲望，汽車，住屋，家庭等等穫得提高，並且也不能比別人相差，於是大家都很忙，很累，也很無奈，但仍樂此不疲。

近年來，人們由於精神高度的緊張，壓力太大，報紙上常有一些事業有成的人猝然辭世的報導。另一方面，也有很多科學家的工作，處於「過勞死」的邊緣。患焦慮症與身體虛弱的人越來越多。

為了賺錢，為了養家，更為了虛榮，拼命的工作，無休止的工作，當然越來越遠離自然，運動，假期，和家人以及舒適的休閒時光。把健康變賣給時間和壓力，這種變賣是不需要任何契約的，而且是以一種自願的方式，把健康和幸福抵押出去。

聖經說：你縱然獲得了天下，卻把生命給賠掉了，你還有甚麼？

所以為了健康，為了舒適的生活，我們應該重新思考行動的節奏，讓生命在自然的運行規律和時間節奏下，將飲食、營養、睡眠、休息、運動、娛樂、休閒、興趣，按時作息，使工作、生活與睡眠，都能得到平衡，不患精神衰頹，疾病纏身。

從前有很多閒蕩的人漫遊各地，露天過夜，順著鄉間小道、草原、林間空地和大自然在一起，那種生活方式是一種回歸生命本質的健康生活方式，值得我們效法。但現在的社會，已不像以往一樣，自然的環境已日益縮小，高樓大廈如水泥森林一樣到處矗立，交通更是擁擠，大氣被污染，水質不乾淨，要想找一片乾淨地點，頗不容易。所以要想身心輕鬆一下，出外閒蕩一些時間，或與家人或朋友一道去瀟洒，去旅遊休閒，或去健身流汗，或去看演出展覽，或去圖書館閱讀書報雜誌，都無不可。總之，必須要在工作一段時日以後，讓疲憊的身體，獲得充份的休息，恢復元氣，並採取適當的步驟，放鬆腳步，緩慢節奏，如此始能延年益壽。唯有這樣，才能為自己、為社會、為國家，有所貢獻，於人於己，獲得雙贏。

生命中最好的東西都是免費的

街上的行人，你來我往，大家都匆匆忙忙地向前直去，似乎都很緊張，各有心思。說穿了，不外都是為金錢奔波。尤其當此年關期間，人人為了歡渡佳節，都要購買食物、新衣、禮物、兒童玩具等等，花費很大。表面很興奮，但內心都在盤算以後如何支付現在購物的欠債。

其實，過年過節時光，不一定要吃大魚大肉，購買禮物也不一定需要花費太多的金錢。有時候某些禮物受人喜愛，價格也低微。例如：如給某一小孩買一張到動物園去玩的門票，他就很喜歡，票價也極便宜。又如送給某些人一張購物禮券，或請他們吃一頓特別的晚餐，都不必花費太多。祇要適合某一位小孩或親友的喜好，或讓其感覺受到特別的看顧與親愛就好。

金錢並不是維持生活運轉的全部，如換一種心態來看，你會發現快樂就在一些瑣事中。在校外租屋居住的舍友，除了分擔房租以外，如果友好的舍友給你增長了見識和幫助，那是用錢都買不到的。至於飲食，如果自己動手烹調，可以節省大量開支，而帶來的成就感，也是免費的。

如果要出外遠足或旅遊，旅費高貴，就不必現在一定要去。不妨等到機票、船票、旅館住宿費等大打折扣時再去不遲。在暫時不參加旅遊時，可以早點起床，鍛煉身體、跑步、呼吸新鮮空氣。幸運的話可以看見日出，那樣壯麗的景色，當然也是免費的。父母及親人，時時關心你，支持你，熱愛你，也是免費的。

還有，不需邀請，不收分文出場費，春天就悄然盛裝而來，世間如此珍貴的東西，也是免費贈與的。

又如陽光、空氣、河流、雨水、親人、朋友等等，這些我們對之幾乎未曾想起說聲感謝的，也以平常的姿態充滿生活各個角落的事物與人，其實才是生命不可或缺的土壤，為我們的人生過程增加很多美好的助力。如何掌握這些機緣與人際關係，祇要隨時用心觀察，美景良辰，快樂時光，俯拾皆是。

文明進步的不同感受

現代科學進步，日新月異。新事物之發展，造福人群，的確使人類生活改善，交通便捷，信息傳遞快速，工作減少困難，疾病容易治療，種種改變，不勝枚舉。

就一般人而言，過去晚上點亮油燈照明，現在祇要打開電燈開關，立即大放光明。以前使用樹葉，稻草或麥稭投入土灶內燒火煮飯，現在則電鍋烹煮食物，既乾淨簡便，又很迅速。過去用獸力拉車，現在則有汽車代步，安全舒適。過去用手洗衣，現在則有洗衣機可以代勞，省力省時。農人在收獲時，過去要用鐮刀割取稻桿或麥桿，現在則用聯合農機收割，一人可當數十人，一天工作可抵一月，功能之大，有目共見。即使種植蔬菜與花卉，過去需用鐵鏟與鋤頭翻土，現在則用翻土機，就能把土地翻好，無需使用體力。

不過，科學發展太快，年老人都跟不上時代，即使年輕人亦未必都能知道各種新事物。因此，過去所學的知識都已不再有用，或根本失效。而對新事物，又缺少認識和訓練，不但見之害怕，不敢使用，而且縱然取得新事物，亦常需時很久，才能稍知頭緒，等到熟練之後，更新的用品，又告問世，取而代之，如此循環發展，不斷更新，讓人永難追及。很多人受制於這種形勢，往往發生舊日好（GOOD OLD DAYS）的懷念。

例如：過去打電話給對手，都會有人回答。現在你如果要向某大商店或公司詢問某一貨品與其價格，或者你要向某一團體或機關查詢某一事件或問題，通常都會被事先錄好的聲音告知「請稍等候，俟有人回答顧客完畢後再行聯絡。」使你衹好耐心慢慢地等候，傾聽對方開放你所不喜歡聽的音樂，有時長至半小時以上，令人難耐。

在此電子時代（ELECTRONIC AGE），固然有很多人都擁有電腦（COMPUTER），使通訊與查詢資料都非常迅速與方便。不過，倘其發生故障時，則不能開啟電郵。或突然跳出的信息並非你所需要者，非常使人惱怒。更討厭者，有些商店，公司，團體，學校，政府機關，各種競賽，和開獎結果等等常常通告說：某種貨品種類與價格，報名日期，地點，手續與繳費數目，登記日期，辦理程序，以及彩券開獎號碼等等，請上網查閱。對於很多沒有電腦的人，這種回答都無異於一種「閉門羹」，或簡直就是一種侮辱，令人反感。

享受現代文明的成果，當然應當感恩，至於常有「舊日好」的感覺，那是一種心理的懷舊，具有這種矛盾的心理，大概不止少數人罷？

小人的嘴臉

談到小人，大家都不屑一顧，敬而遠之。小人究竟是何形狀，大概不外以下突出的幾點：

（一）他們都城府很深，陰險不露。這些人有的可能猥瑣；有的還可能道貌岸然，正所謂人不可貌相，也所謂知人知面不知心。

（二）他們的藏身，無處不在，讓人防不勝防。說不定在甚麼時候，甚麼地方，他們突然會鑽出來，使你心神不寧。好好的人際關係，讓他們鬧得互相猜忌，烏煙瘴氣；光明的前程，被他們弄得一敗塗地，很難收拾。

（三）他們的專長，都會造謠生事。為了達到目的，他們不惜醜化對方，唯恐天下不亂。慣用「聽說」、「別人都這麼說」等說詞，假藉他人之口，歪曲事實，無中生有。

（四）他們的嘴臉，都是趨炎附勢。誰得勢就依附誰；誰失勢就踩下誰。對上司刻意逢迎，花言巧語，口吐蓮花，讓人迷失方向。

（五）遇到好事，他們都會邀功搶功。平日專做表面功夫，俟機冒充，或搶奪別人功勞，踏著別人肩膀升高。一旦發生壞事，便避之唯恐不及，或找替死鬼擋箭。例如在抗戰時，張治中在日軍攻打湖南長沙時，當日軍尚未抵達前即下令火燒長沙城，事後卻推罪城防司令鄧悌，讓他被懲處槍斃。

（六）口蜜腹劍，笑裏藏刀。他們的拿手好戲，是當面說一套，背後則另做一套。出爾反爾，陽奉陰違。

（七）卑躬屈膝，毫無廉恥。當他們失勢後，為了苟全性命，或為討得勝利者歡心，不惜厚臉皮向主子搖尾乞憐，過去歷朝之貳臣都是如此，不勝枚舉。最令人噁心者，當以大陸陷共後李宗仁自美返回北京，謁見毛澤東時脅肩諂笑，一副可憐相。此有照片可證，天下皆知。

小人的影響，往往比預料中嚴重得多。縱使你有萬般才華，如遭嫉妒陷害，也祇能徒嘆奈何。在日常生活中，招惹爛桃花，遭遇打小報告，無端受人牽連，經商受騙，都因冒犯小人。

所以為了避免禍患，最好謹慎交友。如不幸發現某人言行怪異，非為正人君子，應該與之保持距離，甚至不與往來。或者不要招惹，更不要與之發生利益瓜葛，所謂「親君子，遠小人」是也。

一個痛苦的決定

畢第太太（Mrs. Beady）現在所住的房子，是她丈夫畢第先生（Mr. Beady）花了三年時間於一九七八年造成的。當時是其周圍所有房屋中最好的一棟。房屋後面有一塊大花園，旁邊還有一個運動場，留給兒童們玩耍。

他們的第一個小孩是兒子，以後繼續還生了兩個女兒。這些小孩子現在都已各自成家、離開了這裡。只有一個最小的女兒格勒第斯（Gladys）和畢第太太居住在同一個鄉村裡。

最近格勒第斯每週都回來一次，替她母親的房子打掃清潔。她還常常要求她母親把這棟房屋賣掉，搬進養老院去。她覺得她母親已經八十五歲了，保養這棟房子很不容易。如果現在賣掉它，在她活著時，可以將售房所得的金錢，分給她們三兄妹，因為他們現在都很需要錢。

畢第太太不願捨棄她的小世界。對她而言，這棟房子乃是無價的。她知道現在新建的房屋，是很吸引人的。但她懷疑它們是否和她的房屋一樣，建造很堅固。每年冬天她都看見別人把屋頂上的積雪掃去，可是不論有多厚的積雪留在她的屋頂上，她都不需要去清除。當其他人家的地下室淹水時，從來沒有一滴水湧進她的地下室。因為當她丈夫在建造該屋時，腦中就存有環保顧慮，遠在別人談論之先。她節省了電力，使用自然的材料，尋求耐久的品質。當發現有問題時，他就立刻修補好，在他去世前，他曾換掉舊煤氣爐，買一個效能好的新產品裝上，以節省煤氣。他也裝了一個新抽水機從井中抽水。另外，他還買了一台新洗衣機。可是在數星期以後，她丈夫便因心臟病去世，所以她對這些新買的東西，觸景生情，很悲傷，也很感激。

在她過九十歲生日時，她決定放棄她的住宅。因為現在她已不能照顧每樣事情，同時她也不要她的小女兒更加常來幫忙。她更討厭經常聽到要錢的問題。當她的子女們聽到她願意出賣住房後，他（她）們都帶著子女從城市裡回來。他們要她提高賣屋的索價，並互相爭論如何分配售屋的金錢。格勒第斯要求多分到一些錢，因為她每週都回來幫助她母親。開始討論時，畢第太太未發一言。不過當他們三兄妹激烈地爭辯時，她就插話了：「首先，你們都要記住，只要我還在世，這棟房屋仍然是我的。看到你們如此的貪心，我非常失望。第二，你們的父親和我，在很久以前就立下一個遺囑，直到現在都沒有修改。」

在這些年輕的家人離開後，馬上就有一位房地產仲介帶領一位顧客來看她的房屋。此人令畢第太太很失望，因為此房要價很低，但屋內硬木的地板，很衛生，又容易打掃，卻被批評。從牆邊到牆邊鋪好的地毯，是很舒適的，應該很值錢，但他卻說，窗戶太小，廚房裡沒有洗碗機，地下室也沒有烘衣機。（這是因為畢第太太都是把洗好的衣服放在陽光下曬乾，連在冬天也是如此。）花園裡種植很多的樹木。當她解釋：「它們都是果樹。」這位顧客便哈哈大笑起來。他說，他太太不會把水果裝進罐頭裡去，也不要把水果冰凍起來。他們會到超市去買需要的各種東西。這些樹木都要砍掉，地面將要鋪上綠草和石塊，既簡單，又容易維護。兩天以後，那位房地產仲介給她一個遠低於索價的買屋價格，並要求她接受。因為那位顧客將付現款，這是不常見的。

當晚畢第太太知道她的想法已與其他人的認知大相逕庭。她的價值觀已不再是現在的價值。人們已經變成無情的，貪婪的，和不體恤的。她慢慢地走進屋內，巡視這棟她居住數十年的家屋，然後跪在床邊，像以往每晚一樣地祈禱，但這次卻加了幾句：「請聖子將我帶進你的王國，因為我已不再感覺仍在我家。」

上帝答應了她的祈禱。

爭吵

希拉和若久（Sheila and Roger）在大雨後的一些日子，就計劃了今天的旅遊。清晨出發時，天空碧藍，小鳥鳴唱，陽光溫暖。他們開車先到巴達區（Batoche）觀看一個下午，然後再去白里維（bellevue）。因為他們曾經閱讀過資料，在那個小山坵上可以看到全景。他們今晚的目的地是普林斯阿爾波（Prince Albert），將在那裡過夜。

在他們離開之前，曾收聽新聞。希拉說：「我所聽到的新聞，都很令人氣悶，變得更壞。例如：毫無理性的槍殺，虐待老人，印第安酋長的欺騙，公司總經理的說謊等等，我對將來很失望。」「你太悲觀」，若久反駁道：「這些事情一向都發生的，因為現在我們聽到的較多，在電視上也常常看到，這個世界還是和從前一樣，沒有改變。」希拉提高聲音說：「但是你應該看到每樣事情都變得更壞。你看所有的氣候大災禍，都不是正常的情況，它們只是一個警告：那些風暴掃遍了全世界，洪水泛濫，遍地乾旱，以前都沒有，現在發生的次數越來越多，災害越來越嚴重！」「希拉，請閉嘴，享受我們的旅遊罷！關於天氣，一向都是不正常的，因為我們現在有高度的通訊設備，所以我們知道的更多，當它一發生時，我們立刻就聽到這個消息。」一句話就引起對方的反應。彼此互相敵視，粗聲對叫。為何若久會如此無視於現實，反之，為何希拉又如此悲觀？他們從此不再辯論氣候了，但仍然繼續爭吵，把過去的誤會和緊張氣氛又帶回來。

他們把汽車駛進夏天最美麗的風景區，廣大的菜子田，開著黃花，上面有碧藍的天空，公路兩旁，微風吹著野花，小蟲在草叢中跳躍，很多的老鷹在天空中飛翔，這對夫婦經過這條美道，沒有欣賞它們，因為他們的頭腦中正充滿著騷動和敵對的思想。

當他們在巴達區吃午飯時，彼此幾乎沒有談話。希拉看見在電影裡的梅提人

（Metis 白人和美洲土人所生之後裔）所遭受之痛苦與不義，非常感動。在他們走出該處時，外面的空氣充滿潮濕與炎熱。太陽業已不見，烏雲已在四方形成。西邊的厚黑雲層背後已出現如巨浪奔騰的白色雷雲。就在他們抵達白里維時，已不見美景，卻見黑雲業已飛來。各種奇怪的形狀在天空中移動，不斷地變成新的形態逼近地面，同時電光閃閃，劃過黑色雲層，兩人都被此驚人情景，感覺迷惑與恐怖。當第一滴強大的雨點降下時，他們立即進入車內躲避。

他們接著迎向黑雲，開車去普林斯阿爾波。此時大雨傾盆，公路上所有的車輛都減速慢行。車窗上的雨刷已不能刷清雨水，若久跟著前面的車輛，把車開到路邊，等候風暴過去。強風掀動公路上的雨水，也震動了他們的座車。頃刻，雨滴變成冰雹，打擊著車窗與車頂，電火在天空中閃爍，也在地面上嘶嘶發聲。接著震耳欲聾的雷聲又告響起，閃電紛至沓來，一條接著一條，他們深感已陷入大火災裡，想到世界已經破裂。

若久拉住希拉的手，她感覺他的手有一點戰慄，不然，便是她自己在害怕。他們都沒有說話，但有另外一個人在身旁，感覺很安全。最後，風暴減弱了，他們也感覺很疲憊。到達普林斯阿爾波後，他們便進一家飯館吃晚餐。若久旋又牽著希拉的手說：「在我六十七歲的生命中，我還未曾見過如此強烈的雷雨風暴。希拉，我應該向你道歉，也許你是對的，很多的事情都已改變了。你常說過，人類破壞了自然生態，已經超過限度，現在自然已向我們反擊。我現在瞭解了你的觀點，希望當自然向我們報復時，每一個人都能找到保護。」

聖誕的驚奇

當茹絲貝達（Ruth Bedar）在研究她的家庭背景時，她有一個研究家譜的朋友，曾給她很多的幫助。因此，她知道她有一位親屬生活在美國。這位親人名叫雷白卡魏蒙（Rebecca Vieman），住在芝加哥附近，也是一個單身，沒有任何親人，正如茹絲一樣，孤獨地住在薩斯克其旺（Saskatchewan）省北部的一個小鎮上。

她的祖母和雷白卡的祖父是兄妹，妹妹比哥哥年輕十歲。雷白卡的父親是於二十世紀初離開歐洲的。因此，雷白卡是在美國出生的第二代美國人。她的大家庭到達美國後，各奔前程。雷白卡很久以前就喪失了父母，她現在已經七十多歲。他的弟弟在一次摩托車車禍中喪生。她的妹妹在十歲時因貧血症病故。她的丈夫也在十年前去世。因為他們沒有兒女，雷白卡已經很久沒有親人了。

茹絲的雙親，是在一九三〇年代第二次世界大戰前離開歐洲的。她是在加拿大出生，且是一個獨生女，很早就結婚。因為她們夫婦沒有親生小孩，曾想收養一個，但又因其丈夫在工作場地中遭遇災害，受了重傷。她照顧他多年，被迫放棄此一願望。十年前，她的丈夫仍然受其前傷不治。

茹絲知道在北美洲還有一位親人後，非常興奮。她立刻寫了一封信寄給雷白卡，詳述她們的共同家譜。很快地雷白卡就發了一封覆信。她和茹絲一樣地很激動。她在長信中說：「請你告訴我你的日常生活，並速回覆。則我們能夠知道彼此情況。請以卑基（Becky）叫我，我的家人都曾如此稱呼我。」從此，倆人便有不斷的信件來往。在過去很長的一段時間中，這倆位婦人都沒有如此好的感覺。

聖誕快到前，茹絲收到卑基寄來一件包裹，裡面裝了很多的美食：歐洲的巧克力，蜂蜜麵包，燻鰻和燻鮭魚，荷蘭的餅乾等等。卑基在信上說：「我從阿靈頓（Arlington）住所開車，只花一個小時便到芝加哥。我在那裡沒有買不到的東西。我相信在你住家的小鎮上，不能買到這些食品。此外，還有一個驚奇，很快就要上路。」獲知這個消息後，茹絲每天都驅車到郵局去，猜想下一件包裹裡面裝些甚麼？但都空手回來，最後等到聖誕早晨，還是沒有任何東西寄達。

當天中午，忽有一輛吉普車停在她的車房前面，然後有一位高個子滿頭披著灰白色頭髮的婦人從車上走出，端看房屋後，就踏上幾個台階，揿著門鈴。茹絲把門打開後，兩位婦人彼此互相注視一下，這位來訪的陌生人立即擁抱著茹絲說：「我是卑基，這是我的聖誕驚奇訪問。」於是她們倆就非常快樂地在一起共渡聖誕。她倆興奮地談笑，不斷地翻閱過去的許多照片，並愉快的一起進食聖誕晚餐。

一月六日，卑基開始計劃回程，她這次不走來此原路，選擇另外一條路綫，她說：「我很喜歡駕車，也要親眼多看加拿大的環境，「因為我對加拿大已有很好的印象。茹絲，你要知道，自從我與你在一起後，我便想到要從美國搬到你住的這個小鎮上。當然，我們仍將各自居住一處，完全獨立生活。但我們將會緊密地在一起計劃著一切。」」茹絲高興地大叫道：「這是多麼令人興奮的消息：不過，你如果想家了怎麼辦？畢竟你是一個土生的美國人！」卑基開心地大笑說：「我國已經變化太多，有很多時候我都不認識它了。假如我的父母能夠看見它現在的情況，他們不會相信的，更不要說我的祖父母了。」

當她們倆說再會時，她們互相擁抱著很長的時間。她們知道，她們將會有一個美好興奮的將來。

永遠不能治癒的傷痛

最近，艾利亞。特斯茂（Illiott Tessmer）打電話來，我因聽覺不佳，不能辨別何人，後經小女怡萱返家時接聽，始知他為亡兒玉門在小學時之同班同學。玉門兒十七歲去世，到現在已經整整三十年了。如果他還在世，已為四十七歲的青壯，可惜現在連影子都看不見，但其同學艾利亞仍未忘記他，並與我聯繫，其友情誠屬可貴。

記得玉門出生後，他媽復華與我都把他視為心肝寶貝。復華立即辭職在家，親自扶養他一年，然後僱一加國老婦來家整日看護他，才去復職工作。但一下班返家後，便接手抱著他，久久不放。

一九六七年，他已長到四歲，我與復華乘著假期前往加國蒙特婁市（Montreal）參觀世界博覽會（expo 67）。因為他太年幼，恐怕在蒙特婁走累，未帶他同去。我乃商請那位加國老婦在我家留宿，給他日夜照顧。等到我們歸來，他即現出一副快樂表情，喜極流淚。那位老婦隨即告訴我們，在我們離家後，他終日哭鬧，不食不眠，非常可憐。復華聞後，非常懊悔未帶他同去，我更覺抱歉，自責不已，一直到今天，都覺得心疚難過，對不起他。

他進小學後，非常用功，成績優異，我們都很高興。同時，我也要他參加學校裡的音樂訓練。他先學習吹長喇叭（Trombone），後來又向校外音樂學校加學手拉風琴（Accordion）。兩種樂器，他都學得很好。尤其後者更被老師稱讚不已。最後並說：她已傾其所知教他，不能再給他更多教導，請我給他另找一位更好的老師教他，我立即照辦。

不知何故，就從那時起，他總是怏怏不樂，凡事無精打采，成績亦見下落。我因承受傳統影響，對此大為不悅。不但不去問明原因，徐加開導，並尋求醫師與心理師為他診治，反而嚴加查閱，逼其努力進修。孰知如此督責，使他更加精神緊張，心情不寧，適得反效果。於今痛定思痛，至為悔恨。

他進入中學後，課餘也學習汽車駕駛，但因練習時間不足，故每晚我都帶他到體育場去，讓他使用我的轎車練習。他坐在駕駛座上，雙手握著駕駛盤，我則坐在他身旁，看他練習，萬一他有疏忽，我即提醒他，如果發生緊急情況，我即囑他立即煞車。因我腳下沒有加裝額外煞車系統，所以陪他駕駛，實在冒著生命危險，如非父子，不會如此陪他練習。大約練習兩個星期後，他覺得每天都在同一地方練習，頗覺不夠挑戰，開始不耐。因此，我乃帶他開至市內街道中去練習。一方面讓他熟習市內街道情況；另一方面也使他知道在市內街道駕駛的規則與技巧。經過若干日在市內實地駕駛練習後，他已有信心，終於考試及格，獲得駕駛執照。次年，我們全家去夏威夷旅行時，我租了一輛汽車，即由他駕駛。雖然他很高興，能夠駕車為我們全家奔走於美麗的海岸大道上，充滿成就感。可是返回加拿大後，仍然怏怏不樂，故態復萌。我與復華都未詳問。不久以後，就發生不幸的悲劇，使我們的心靈遭受嚴重的創傷，至今都不能痊癒。

人生充滿悲歡離合，有些事情難以預測，但有些事情則可以預防，其間相差，只在一線之間。我與復華，為了生活，終日辛苦工作，疏於對他照顧，以致將他失去。現在復華亦已作古，可能與他在天上相見，重溫母子之情，但我仍然苟且偷生於世。深夜夢迴，彷彿常見玉門兒身影，但均無對話，醒來淚濕枕中，長恨不已。

新詩

二〇一二的願望

十二個月已經過去了，今年也完了。
新年很快地就到。
每天像一張白紙，
需有謹慎的思考，
或邪惡的願望來填寫。
積極的思想會帶給心靈的平靜，
但仇恨的意念、擔憂和嫉妒
會得到相同的回應。

心靈能創造自己的世界，
改變情況，
小心所想與所要的，
現實會立刻出現，
每天必須作出許多的選擇，
我們可能使用所有的力量，
變成暴漢。

我們也可能很仁慈、有愛心，
和幫助那些每天為生活掙扎的人。
對別人寬恕和忘記，常是難以辦到的。
但唯有如此，才能有和平。

當新年來臨時，祈望每人，
都獲得最好的賞賜。
受到最美的祝福。
在國難時，內心的力量會使身體復原；
當快樂時，盡量的喜悅。

今天的世界

今天我們所見的世界，
充滿了太多的邪惡。
很多的腐敗和謊言。
主啊，你說過給我們平靜和恩賜，
不要拿著槍炮走來，
要臉上帶著笑容。
叫每一個人都要存心：
施與、仁慈、和親愛。
帶著尊嚴前行，

祂會帶領你走向光明。
大地將不會震動，
唯有我們可使這個世界變得安全。
有時祇需一個人，一張面孔，
即使祇有你一個人，靠著主在上面，
也能對世界其他的地方表示親愛。

大時代

過去很多天都在下雨，
我們已沒有歡樂。
那些溝壑與麥田，都被水淹了，
農人的收穫將要減少。

每年颱風的日子都在增加，
反常的氣候，令人可怕。
奇怪的雲，是不祥的惡兆，
這個世界正在發生巨大的改變。

到處爆發爭鬥，貪污與戰爭，
自然界也有植物的病毒和蟲害。
社會上犯罪，性變態，和貪婪充斥，
愛心，友誼和信賴，現在都不見了。

讓我們快回到正面的思考，
不要喪失常識。
恢復彼此間的愛心與信賴，
惟有我們才能改變世界。

我們必須要看望那些受苦的人，
並且迅速地盡力幫助他們。

同時也要保護所有的水道和土地，
我們的子孫期望的，不是留給他們空空的一雙手。

我們正在喪失財富，
也把家庭和健康作為賭注。
到最後，我們將會錯失目標，
不能獲得光明，反而增加黑暗。

一片樂土

碧藍的水波，晶瑩透徹，
遠處的山峰，看來就在眼前，
大小不同的常綠樹木，叢集在一起，
這是一片美麗的純潔樂土。

悠閒地走上一座小山，
坐在一塊石頭上，
像夢中獨坐在這裏，
耳朵聽著鳥鳴，

眼睛觀看野花，
這是另外一片微小的純潔樂土。

太陽送出一點閃爍，一絲陽光，和一片光明，
和平，安靜和寧謐都融成一體，
構成一片最大的美景，
這是慈祥的上帝賜給我們的一片樂土。

木造的小帆船

我們很喜歡這個木造的小帆船，
當它從放水道駛出時，
沒有船長掌舵，
也沒有一群船員。

它沒有一個漂亮的指南針，
使它向前直行。
但它仍然像箭一樣地向前流，
驕傲且不需用力。

此船很美麗，
當它在放水道中漂浮時，
它很高貴地駛向下衝的瀑布，
突然它翻倒不見了。

現在它已完全消失，
這個木造的小帆船已永遠離去，
我們非常傷心，
但是不會太久。

我們感謝一位親愛的父親，
他建造了小帆船，一個又一個，

它們都隨著放水道衝下去，
木造的小帆船將繼續地漂浮著。

她是我們的母親

當我們年幼時，她緊緊地看顧著，
她知道我們在想什麼，
她知道何時要嚴厲，何時要放寬，
她知道何時要示愛和仁慈。

她決不允許我們逃避做家事，
我們每天必須要做功課習題，
假如我們沒有帶回好成績，
她不會再寵愛我們。

她擔憂和煩躁，希望有最好的結果。
她要兒女們在學校裏優秀出衆，
她督促我們讀書，要我們得到充分的休息，
她知道知識是世界上最好的工具。

母親是上帝賜給兒女們的禮物，
我們應該永遠地感恩，
母親很明瞭她的兒女們，
不管對他們發生了什麼事情，她的內心都在掛念。

母親是一個奇異的人，
不管你是尚幼小或是長老大了，她永遠都是一樣地看待你。

她一生都在擔憂和驚異，
這是她的權利，或者我們已知如此。

情人節

二月是談愛情的時候。
甜心會說出美麗的情話，
當愛神射箭時，
每位年輕人和老人的心都會中靶。

二月十四日是一個神秘的日子，
巧克力的糖盒，美麗的花束都送給：
你心中和靈魂深處特別喜愛的人，
告訴她（他）你要愛她（他）一生，

123 情人節

希望這個快樂的情人節就是給你的，
也給你很多的興奮，快樂和歡笑，
願你找到你夢中所想的人，
讓愛神滿足你的情人節。

對兩個人唱情歌

我與第一個情人唱了一首情歌，
當我們都年輕時。
我們天真的掙扎著，
夢想著明天。

在過往的年月裏，有很多的歡笑和眼淚，
我們同在一起長到老年，
對過去美好的日子，同唱讚美的歌，
但很多的回憶，只給留下的一個人。

125　對兩個人唱情歌

現在我對一個友人唱情歌，
在生命的明鏡中，我對她所知不多。
我們孤寂地靜坐著，
夢想著更多的明天。

當所有的昨天都消磨完畢，
就沒有人與我同悲傷。

樹蔭

有兩棵楓樹，
長在後門的東邊，
樹下是一個遊戲的好地方，
兩個小孩，一個兩歲、一個四歲。

他們的拖車，四輪車和小鏟子都在那裏。
還有一隻玩具熊和一個洋娃娃，
這是天然的野外設計，
為他們長高以前的日子所在。

紅髮的女孩和金黃色的小男孩，
整天都在樹蔭下遊戲，
他們成長的日子充滿了歡樂，
因為他們都在那裏玩耍。

有時他們爬到樹上去，
不停地嘻笑和唱歌，
粗糙的樹皮劃破了他們的膝蓋，
他們的肩膀長得很強壯。

今天我在兩棵樹旁除草，
仍然看見他們留下的蹤影，

他們是在這裏遊戲和長大的，
祇有他們才知道這些事情。

兩棵有蔭的楓樹仍然長在那裏，
地上有點潮濕和陰涼，
那裏似乎很空虛和寂寞，
因為那兩個小孩都已去進學校了。

環繞在樹上的生命

站在樹葉與枝幹之下，
我仰望著上面，
樹葉間有一個不同的世界：
小鳥、蜜蜂和蝴蝶，各種不同種類的生物，
天剛黎明，便開始活潑的一天，
我聽見遠處飄來的歌唱，啁啾的鳴聲，
蜜蜂、黃蜂和昆蟲都一起出來活動，
它們把花粉傳佈到各種花卉上，
並尋找花蜜。

小鳥們從這枝飛到那枝，
啁啾的美曲使青空生動起來；
蝴蝶幾乎無聲的鼓翼，
隨著時間的過去，很多事情都告發生，
昆蟲們出來吃樹葉，或啃樹皮，
牠們不斷地爬行，到處尋找食物。
當黃昏開始時，天邊變成紅色，
黑夜駕臨後，世界都在沉睡。
但樹上的生命仍然存在，
在灰色的月光下，仍有活動。
那些環繞在枝幹間的生命依舊忙碌不息。

跨過山頂

我們已跨過山頂，但不感覺悲傷，
山的這一邊並不很壞。
對在這裏已有一些時間的我們，
請給我們一些鼓勵，然後再給我們一些微笑。

有些人心臟的血管已架起小橋，
有些人的屁股已換過骨頭，
修理過的管線容易漏水；
我們都似乎是一群可憐的人，

但我們很喜歡我們的處境。

我們每天都能得到我們的所需，
退休金使我們的生活像國王。
新聞界對我們不滿，
認為我們的收入太多。

我們已把未用的知識，付出我們一份的義務，
使我們的兒女現在都已大學畢業。
我們會向他們訴說我們的健康情況，
當他們憂慮我們日益減少的財富時。

雖然我們衣櫥裏的衣服很樸素，

我們並沒有遭受更多的痛苦。
現在我們用拐杖支撐走路，
我們不能駕駛汽車，
但仍能把高爾夫球打進洞裏。

我們都是平凡的人，
但很堅強，可以應付所有的需求，
看啊，我們仍能切肉並煮熟它。

是的，我們仍在這裏，
看到你們和我們一起抵抗關節炎，我們很高興。
但是我們要求你們現在作一承諾：
你們都要謹慎的說話。
否則我們要使那些年輕人都到這裏來一趟。

老人禮讚

頭髮灰白、脊背彎曲，
他慢慢地站起來。
一生的勞苦，使他的雙手長繭。
臉上有很多的皺紋，
從前亮晶的眼睛，
現在已經失神。

像所有度過塵世的人一樣，
年輕時充滿活力，

精力透過四肢，
同輩的人都比不上他，
但隨著歲月的逝去，
他起步便緩慢了。

曾為他的強壯驕傲，
他在成長時，工作都加時。
犁田，休耕和播種。
收穫很多的麥子，
從田裏撿起很多的石子，也修築了圍牆，
更常常處理很多繁雜的勞務。
把一隻小牛養到了一巢小牛，
他像一個動物產婆。

機器壞了，他知道如何修理，
多年的經驗，使他懂得其中奧秘。
無錢購買需要的零件，
思考如何修好機器，使他的白髮增多了。

他是一個有名的誠實人，
為了供養家庭，
不休息地工作，也不期望停工，
繼續工作，直到完成。
對家庭和朋友，他都盡力幫助，
但現在他已經緩慢了。

坐在屋裏，向外凝視天空，

不知是在驚嘆什麼？
每天都和過去一樣，
但他的思緒已不清醒，連兒子都不認識了。
他的才能很高，可是現在已經喪失，
因此，他緩慢了。

當我們看見他坐在椅子上，
有人說我沒有注意他，
不要去管那個老人，
我要盡可能地享受我的生活，
可是不要忘記，他已被人們遺忘，
我們對他很欠缺，欠他很多！

他用汗水和眼淚，建設了這個國家，
在過去的年代，他拼命地工作，
我們應該脫帽向他致敬，
雖然他已失去聽覺，視覺模糊，
對他仍應表示謝意。
朋友，記住，這種情況也可能降臨到你的身上。

這首讚歌是給所有的老人，
我們都向你們永久致謝，
因爲不論在良好時辰或艱苦的日子，你們都辛苦的工作，
你們都以自身作榜樣，教導我們，
在過去的年月中，你們已留下了印記，
雖然現在你們的行動已遲緩了。

八十五歲老人的感恩

我早晨起來，迎接新的一天。
希望我身體的疾病都消失。
醫生說：我已年老，他們不會離開。
我喜愛生命，我感恩，
只要我還能呼吸和活著。

我拿著拐杖，走進後園，
步行很困難，只好慢慢地走，
園裏的花卉和蝴蝶都使我很開心。

我喜愛生命，我感恩，
讓我仍然能看和活著。

我準備了午餐，只有一碗湯，
像以往一樣，單獨一個人吃，沒有很多人在一起，
然後吃些冰淇淋，只是一小杓，
我能吃這些食物，我很感恩，
雖然身體很疼痛，欣喜仍然活著。

我有點疲倦，就去午睡，
突然一聲雷響，把我驚醒，
起來後，喝一杯牛奶，吃一塊薑餅，
我愛住在這裡，我感恩，

讓我活著這麼多年。

我開始工作，執筆作畫。
人不能怠惰不做事，坐著不動，
每人都應盡可能地繼續工作，對身體有益。
生命如此寶貴，我感恩，
當我活著的每一小時和每一天！

一天又過去了，我上床就寢，
生命充滿困難，很多人都已說過，
我試著都看事情的光明面，不談悲傷。
我喜愛每一天，我感恩，
只要我仍能呼吸和活著。

感恩

當你沒有獲得所需要的東西時，你要感恩。
假如你已得到，還有甚麼可以期待的？
當你不知道某些事情時，你要感恩。
因為這樣，你才有機會學習。

當你遭遇困難時，你要感恩。
因為在困難時，你才會成長。
當你受到限制時，你要感恩。
因為這樣，你才有機會改進。

當你遇到新挑戰時，你要感恩。
因為它使你建起力量和性格。

當你做錯了時，你要感恩。
因為由此你會得到很多有價值的教訓。
當你疲勞時，你要感恩。
因為這表示你已做了一個區別。

為好事感恩是很容易的。但為挫折，
感恩者會有一個豐富滿足的生命。
感恩能夠把否定轉變成肯定。
為你的煩惱尋找一條感恩的道路，
它們能夠變成你的幸福。

感恩

田裏有很多成堆的南瓜，
馬鈴薯和胡蘿蔔都一排排的躺在田畦裏，
等待著被收集起來放到地窖裏。
玉蜀黍已可採摘，
蘋果也熟了，快要掉下。

收穫的塵埃飛在空中，
黃色的麥稭散佈滿地。
烏鴉、水鳥和天鵝，

都飛來覓食殘穗。

松鼠和栗鼠，
嘴裏含滿了櫧子、栗子和漿果，
迅速地穿過樹林
把它們儲藏在隱密處。

讚美太陽和雨水，
使花園成長，
讚美穀類大豐收，堆滿神壇，
使需要的人都能分享。

天佑他們

天佑他們，因為他們知道：
我的蹣跚腳步和顫抖的手。
天佑他們，因為他們知道：
我現在的耳朵
必須用力傾聽他們所說的話。

天佑他們，因為他們似乎知道：
我的視力衰弱、思想遲鈍。
天佑他們，因為他們把頭轉去，

當我在那疲倦的時候，手中的茶溢出了。
天佑他們，因為他們帶著欣喜的微笑，
停下來談話一會兒，
天佑他們，因為他們知道，
如何找回昔日的記憶。

天佑他們，因為他們絕對不說：
你今天已經重複那個故事兩次了。
天佑他們，因為他們明確的說出：
愛我、尊敬我，和不使我孤獨。

天佑他們，因為他們在我回家時，
將會使我安寧地離去。

復活節

復活戰勝死亡，
自然覺醒，作了一次深呼吸。
漫長的冬天已去，
溫和的微風正在吹起。

大地飽吸溶化的雪水，
到處都聽到雞叫。
天鵝已經回來，一群群的在天空翱翔，
它們飛在高空中，快樂地呼叫。

每一條河川和小溪，
都不再沉默無聲。
潺潺的流水，衝激出水花，
奔過大石塊，擦出響聲。

一陣微風把植物都吹活，
誘使他們生長，開花和繁盛。
無數的形狀從地下醒來，
我們的生命便再和它們發生關係。

新一輪的循環又再開始，
夏天的形像將要出現。

各種顏色都將迸出，世界轉成綠地。
死亡以後，生命又復活。

國殤節

十一月十一日，是加拿大的國殤節。
為紀念那些為國捐軀勇士的日子。
每次我們都誓言：
不要再打仗，不要再打仗。

但戰爭繼續發生，沒有止境。
好像所有的國家，和所有的人民，
都決心要殘殺，毀壞和死亡，
有錢的人拼命要填滿他們的錢包。

講大話榮耀地高喊著，
男兒必須勇敢去赴義，
我們祇有犧牲和哀悼，一無所獲。
錯誤的動機，全都白費了。
讓我們對那些喪失太多的人給以安慰，
我們要用理解和愛，
去撫摸那些破碎的心，幻滅的夢想和希望。
神奇的光會出現，當我們在黑暗中摸索時。

在法蘭德斯的田野裏

(IN FLANDERA FIELDS)

在法蘭德斯的田野裏（註一），罌粟花隨風飄動，
夾在一排排的十字架中間，標記著我們的墓地，
雲雀仍然勇敢地在天空中飛鳴，
不再聽到下面的槍聲。
我們在不久以前已經陣亡
以前在世上活過，看過黎明，也見過火紅的日落。
我們愛過別人，也被他人愛過，現在我們倒下了，
躺在法蘭德斯的田野裏。

我們曾與敵人搏鬥，
用殘缺的手把火炬傳達給你們，你們也用手把它舉高，
我們不會睡眠，雖然罌粟花生長在法蘭德斯的田野裏。

註一：法蘭德斯位於北海沿岸，爲法國北部之一部份。第二次世界大戰時，很多陣亡的加軍都葬在這裏。

我們到底獲得了甚麼？

數十年前他們都在幻想，
他們所打的是最後的一次戰爭。
但是僅僅過了痛苦的二十年
這個世界又聽到了炮聲。
現在看到有更多的痛苦、損失、失望和難民。
一方勝利，敵人屈服。
但新的緊張局勢爆發了，恐懼和憂慮又日益增加。
軍機日夜飛動。
東西方成千上萬的人都在製造武器，

僅僅保持著一個微弱和恐懼的和平，
新的戰爭在遠方發生，
我們和其他的民族又被牽連進去。

軍人平民和無數的兒童都遭殺害，
很多的母親都在逃亡和哭號，
不少的地方也告易手，但戰爭仍然未停，
和平和正義，從未來臨。
無數的人被屠殺，
我們到底獲得了甚麼？
那些獻出所有的人可能感覺很心安，
但對那些死亡的人，我們感覺很悲傷。

春天

她現在用很好的綠色衣服，
裹著自己，

她把花卉，
塗了各種美麗的顏色，
形成花卉的天堂。
她也使楊柳長出柳絮，
透出早春的信息。

看那山丘上的番紅花，
伸出頭來迎向旭日，
它是第一朵。
歡迎春天的來臨。

夏天

落雨，每日不停。
一層烏雲飄來，都再落雨。
白天，陰沉黑暗，
使人非常厭倦。
八月是夏天最後的一月，
驚覺秋天已近。
但仍希望還有很多晴朗的日子，
讓心情愉快和輕鬆。
鳴鳥仍然到處可見，

美麗的花卉，蘋果和漿果還很多。
麥苗已經漸漸成熟，轉變成黃色。
休耕的田地被水淹沒，
受過嚴重的雷雨風暴和冰雹侵襲。
當遭受災難的天氣時，我們感覺很脆弱。
希望明年有一個較好的夏天，
溫暖的陽光，豐富的收穫，沒有恐懼。

夏天的早晨

我出去晨跑時，
嗅到一股新鮮的香氣。
雖然只有一隻喜悅的雲雀站在高樹枝上，
但似乎到處都充滿著鳥鳴。

湖水像一面鏡子，
夜裏的露珠仍然凝在草葉上。
湖邊有一隻緩行的野鹿，
半身隱藏在小樹叢裏。

牠小心地低頭飲水，
那是一個多麼優美的姿勢。
忽然聽到一陣噪音，驚動了我和小鹿，
牠豎起了尾巴跳起、恐懼地逃走。

這裏有很多的翠綠的草和紅、黃色的花朵，
忙碌的蜜蜂在花叢中飛舞，
蜻蜓像亂箭一樣地竄來竄去，
還有一團如雲霧似的飛蠅
不停地來回繞飛。

太陽愈昇愈高，熱氣來了。

我必須離開了。但

剛才看見的美景，仍然留在我的腦中，

我一定會再來。

雷雨

閃電曲折地穿過麥田，
一個風暴開始在孕育中。
雷聲在遠處隆隆地響起，
好像在打鼓一樣。

浮雲變成深灰色，
剛才像輕絨毛，現在已變成黑雲，
猶如一堆煤塊。
它挾著沉重的水氣，

165 雷雨

雨滴開始落下。

突然一聲雷響，天空發怒，
大雨急降，狂風猛吹，
狂風吹來，降雨跟至。
可怕的強大風力，
萬物立刻都被浸透。

水池變成大湖，
空氣立即涼爽與新鮮。
雨水灌溉了平原。

當雷聲停止，閃光不見時，
風暴也迅速地離去。

秋

樹葉已失去綠色，轉變成金黃，
輕輕地飛落到下面的綠地上。
地上已變成一片無色的景緻，
田野裏的穀子已開始收割。

飄動的黃色芥子（MUSTARD）業已收穫。
小麥、大麥和粿麥（RYE）仍然長在田裏。
收穫的季節很潮濕，田裏充滿積水，
被淹的穀子，成熟很慢。

小鳥正向溫暖的南方飛去，
已去的是知更鳥，黑雀和烏鴉，
留在此地過冬的是山雀。
早晨美妙的歌聲已聽不見了。

野草正在散播它們的種籽，
明春便會出土生長。
它們隨風飄散，
落入地隙和石縫裏。

秋風掃過綠色的草地，
現在這些草地看似一片金黃。

土壞已變成冬眠生物的墓地，
它們像幼蟲一樣地躺在那裏，直到明春。

覆霜的美景

沒有光彩的白楊，
如今在一片白色當中是一位新娘，
綠色的松樹枝杈，
穿上貂皮披肩，
好似一位皇后。
豐滿的紫丁花叢，
是地上的毛皮暖手筒。
懸掛低處的電線，
是柔軟雪花中的絨毛圍巾。
我的後園變成一場高尚的時裝表演。

轉變

十一月的天氣是陰沉灰白的，
在寧靜中雪花飄下，
大地被鋪成白色。
雖然我知道，
冬天已經回來，
帶著冷風和寒慄的日子，
但我不由得感覺一陣興奮，
看到週遭都是一片晶瑩的白色。

死寂的冬天

在死寂覆霜的美景的冬天裏，大自然是無情與殘忍的。
呼嘯的大風，咬著兩頰。
晶瑩的冰塊，像沙漠裏的沙風暴一樣刺著眼睛。
強大的狂風，使你的眼睛幾乎失明。
大地祇是一片白，沒有其他顏色。

在死寂的冬天裏，大自然是無情與殘忍的。
樹木都掉下了葉子，
風怒吼著穿過樹枝。

當大風旋轉時，
萬物都被凍結起來，

在死寂的冬天裏，大自然是無情與殘忍的。
冰雪蓋滿了大地。
飄浮的白雪開始堆積起來，
看似沙漠裏無數的沙丘，
路徑已不能通行，

在死寂的冬天裏，大自然是無情與殘忍的。
池塘與河川都凍結成堅冰，
雪暴襲來如同暴力的復仇，
在雪路上一切都變成刺瞎眼睛的東西！

冬天的大風雪

昨天是碧藍的天空，陽光溫暖。
今天突然刮起一場強大的風雪，
宇宙封閉了，看不見遠方。
我恐惶地駕駛著車，
雪花旋轉地飛舞，既猛又快。
我的汽車震動著，
另外一輛汽車已掉落到路旁的小溝裡，
我很害怕，立刻緩行，
現在已無人超車，大家都慢慢地駛著。

六輛汽車緊跟著向前行進，
路中分界線和路邊都已看不見了。
我們不敵這場大風雪。
雪愈下愈多，
車廂感覺衝擊與動搖，
樹木模糊，建築物毫不明顯，
虛幻的東西近在眼前，
駕駛好久，才抵達我的小鎮，
已全身疲憊、無力。

當我停車在家門前，
天已黑，雖誤時遲歸，

但已安抵，非常感恩。
屋內很溫暖，
現在身體已有保護，
但艱難的風雪中的駕駛令人難忘。

初雪

紅潤雙頰的兒童，
發亮的眼睛，
迎接著新雪，
高興的呼叫，
面向天空，
嘗試著：
與每粒雪花接觸。
他們渴望著：
要去外面乘坐雪橇，

滑雪和抛雪球。
當第一次落雪時，
兒童很快樂。

冬雪

冬天悄悄地降臨，
雪很快地飄散下來。
白色輕柔的雪片，
落在地上，
晶瑩的在陽光中，
繼續跳舞。

地面現在已變成，
一片荒涼的白幕，

沒有任何其他顏色。
溫和的空氣頓成冷風，

氣溫繼續下降，
水氣結成冰，
雪堆高高隆起，
成為砂坵似的岩層，
風吹起白色的塵埃——
雪片在天空中旋轉。

冰凍的日子

天邊有一片深灰色的浮雲。
一個陰沉多雲的日子又形成了，
太陽躲藏著，不出來發光照明，
寒冷的天氣令人憂悶。

昨夜落了白雪，
枯黃的大地被遮蓋起來。
今晨又降下冷雨，
地面像一片溜冰場。

下雨時，
冰塊凝就，不再融化，
白雪輕輕地飄落，
像棉花一樣的隨風旋轉。

冰柱開始向下垂掛，
冰滴慢慢地落下，
一滴一滴的掉落，直到完全融化，
水滴都留在地面的雪上。

從早到晚，
白雪繼續地飄落，

冰塊被白色的灰塵掩蓋了，
所有的移動都變緩慢。

白色的灰塵

冬天在黑夜裏來到，
大地上穿了一件白色的外衣，
覆蓋了樹木，使其冰凍，
灑滿了白色的灰塵
風吹起來，
白色的灰塵開始飛揚，
陽光照射著一片晶瑩。
白色的灰塵落到地上，
塗成一種圖案，

形成各種不同的小堆，
有的小堆柔軟泛白，
其他的小堆變成堅硬的冰塊。
太陽放出一片溫暖的光芒，
溶化了大地上晶瑩的被褥，
白色的灰塵繼續地飛揚，
因為新雪的降落。

185 北風

北風

北風瘋狂地吹著，
把雪吹滿大地。
但沒能使雪安靜，
它深深地呼吸一下，又吹起來。
強勁地吹著，
使雪花旋轉咆哮，
直到深夜。
它使萬物冰凍，
然後開始減弱，

隨即不再發聲，
終於回到平靜，
讓它的憤怒躺在雪地上面。

風

風是一種多變的力量，
它是我的朋友，也是我的仇敵。
雖然它的呼嘯很粗糙，
但它輕語時，也很軟弱與低沉。

當我耙土和犁田時，
它的炙熱燒痛我的皮膚，
但當我在麥田裡捆紮時，
它使我乾熱的眉頭涼爽。

傍晚時刻，
它輕輕地掠過成熟的麥穗，
這是描述歡樂的歌聲，
吹來甜蜜的引人香氣。

當它吹過田野時，
帶著黑色的灰塵，
有些人祈禱，也有些人咀咒，
但風仍是當天的話題。

當它呼叫著狂掃大地時，
它也帶來大雪，

白天時間很短，太陽向下低垂，
我們都渴望夏天快來。

它帶來雨水，也吹幹稻草，
它使我們認識所處的地方，
我已經耗盡我的體力，
臉上留下很多扭曲的長痕。

黑暗的夜

在黑暗的夜裏，我們並不孤單。
我害怕黑暗，我害怕夜晚。
在黑暗中，突然有一道光，
一顆星在閃耀，一輪月悄悄地升入夜空。

讓我在黑夜中徘徊，
讓我在孤單中消失。
如果必要的話，你在可怕的夜裏就出來尋找我。

191　黑暗的夜

睡覺，是黑暗中的可愛者，
睡覺，是我的黑夜天使，
在晨光出現以前，
我會在黑暗中醒來，
這樣在早晨的曙光中，
我們將見到光明。

霧中的聲音

基督的生日就快到了，
月亮被掩蔽著，夜很安靜。
聖誕的鐘聲從遠山到近坵，
互相迴響在霧中。

四個村莊響起四種聲音，
從遠到近，從草地到水邊，
大聲到微音，好像
在我與聲音之間的大門已被關閉。

每一種聲音都在風中改變，
有的高昂，有的減弱，
平安與善意，善意與平安，
平安、善意賜予全人類。

火車

吉立克地，克拉克；吉立克地，克拉克；
火車從鐵軌上馳來。
寂寞的呻吟聲，夜裏的汽笛聲，
一陣快速與驚惶的聲響，當火車從鐵軌上飛馳過去。
等我一下，等我一下，我不喜歡在寂寞的夜裏長途旅行。
看著我，看著我，這個在鐵軌上的黑鬼，發出驚惶的呻吟。
這隻獨眼的黑鐵怪物在夜裏哀號！
離開鐵軌，離開鐵軌，尖銳的叫聲更高，漸漸地迴聲慢慢消失。
吉立克地，克拉克；吉立克地，克拉克；克拉克，克拉克。
斯夫希！熟希！四點五十，四點五十，啊呀，四點五十。

聖誕節——我們慶祝什麼？

聖誕節，向來都是快樂的時光，
為甚麼我們要在一年後這時來慶祝？
為什麼家人和親友，
要以更尊敬的方式來聯絡？
他們是否記得這是耶穌基督的生日？

慶祝聖誕似乎已失去了真正的意義，
我們僅僅想到禮物，食物和歡樂，
我們應該注意的是否發揚「愛」心，

這是救世主給我們每一人的恩惠。

當我們縱情於聖誕節的宴樂，
和歡笑，唱歌和祈禱時，
讓我們也留下崇敬的時間，
謙卑地記住，
我們慶祝的乃是耶穌基督，我們救世主的生日。